U0502535

SQM

思考法则

跟孙正义学商业创新

【日】三木雄信 著

张叶秋晓 译

中国科学技术出版社

·北 京·

SQM SHIKO by Takenobu MIKI / ISBN:978-4-569-84354-4

Copyright © 2019 by Takenobu MIKI

First original Japanese edition published by PHP Institute, Inc., Japan.

Simplified Chinese translation rights arranged with PHP Institute, Inc. through Shanghai To-Asia Culture Co., Ltd.

All rights reserved.

北京市版权局著作权合同登记 图字：01-2020-3948。

图书在版编目（CIP）数据

SQM 思考法则：跟孙正义学商业创新 / （日）三木雄信著；张叶秋晓译. —北京：中国科学技术出版社，2020.9

ISBN 978-7-5046-8762-3

I.①S… Ⅱ.①三…②张… Ⅲ.①电子计算机工业 - 工业企业管理 - 经验 - 日本 Ⅳ.① F431.366

中国版本图书馆 CIP 数据核字 (2020) 第 161055 号

策划编辑	申永刚　　杜凡如
责任编辑	申永刚　　杜凡如
封面设计	马筱琨
版式设计	锋尚设计
责任校对	焦　宁
责任印制	李晓霖

出　　版	中国科学技术出版社
发　　行	中国科学技术出版社有限公司发行部
地　　址	北京市海淀区中关村南大街 16 号
邮　　编	100081
发行电话	010-62173865
传　　真	010-62173081
网　　址	http://www.cspbooks.com.cn

开　　本	880mm × 1230mm　1/32
字　　数	155 千字
印　　张	7
版　　次	2020 年 9 月第 1 版
印　　次	2020 年 9 月第 1 次印刷
印　　刷	北京华联印刷有限公司
书　　号	ISBN 978-7-5046-8762-3 / F・899
定　　价	69.00 元

（凡购买本社图书，如有缺页、倒页、脱页者，本社发行部负责调换）

为什么我要一直写孙正义？

在整个日本，我大概是写软银集团（以下简称"软银"）孙正义社长最多的人。

二十五岁的时候，我进入软银工作。最开始是以秘书岗位进入公司，之后成了社长室的室长，一年三百六十五天几乎天天都在孙正义的身旁工作。

每天一早先去社长家接他，一边吃早餐一边开会。到了公司后便跟公司内外人员开会。有时候一天下来得跟着孙正义连开十多场会，一直持续到深夜，当天晚上再把一整天的会议内容都整理到PPT文档中，这便是当时我每天的工作内容。

除此之外，我在孙正义的带领下参与了以下公司当时的新项目：

- 成立软银集团与微软的合资公司 Carpoint（现为 Carview）

- 建立证券交易所日本纳斯达克（现为 Nippon New Market Hercules）
- 日本债券信用银行（现为青空银行）收购项目
- 开设 ADSL（非对称数字用户线）宽带业务"Yahoo！ BB"

以上这些只是我参与的众多项目中的一部分。在这些大规模的项目中，我一直担任项目经理一职，与孙正义共同拓展新的事业版图。在这一过程中，被誉为"天才经营者"的孙正义的思维方式也深深植入了我的职业生涯。

至今为止，我写过关于"量化""PDCA（戴明环）""项目管理"等众多主题的书籍，这些书中都详细介绍了我在软银时从孙正义身上学到的工作方式。

之后，我离开软银，进入了教育行业。

2015年，我创立了日本首个私人定制英语教育培训项目"TORAIZ"。这一项目成了日本英语教育培训行业的一大先例，在整个教育市场中得以迅猛发展。

近来，日本国内相继出现了不少模仿"TORAIZ模式"的公司，这一模式在英语教育培训行业中甚至形成了一个新的市场。

仔细想来，我之所以能在这么短的时间内让一个新项目取得如此成绩，很大程度归因于我践行了从孙正义那里学来的工作方法以及在软银集团积攒起来的经验。

除了自身的创业项目，我还担任了多家初创公司的顾问以及社外董事。我希望能借此将我在软银集团期间从孙正义身上学到的思维方式、做事方法传递给年轻一代的企业家，帮助他们的公司得到进一步的发展。

在我担任顾问的这些公司中，有的在成立后短短数年间就成功地在日本东证一部（东京证券交易所）上市，这对我来说实在是再高兴不过的事了。近来，不仅是初创公司，不少想要在大公司内部开展新项目的人也开始邀请我担任他们的导师。

对于那些因新项目而烦恼、迷茫的人，我总是会问他们这样一句话，"如果换作是孙正义，你觉得他会怎么做？"

孙正义的企业管理经常被认为"违反常识"，因为他的经营方式总是和日本传统的经营理念大相径庭。

但是在整个因经济停滞不前甚至被称为"失去了30年"的日本，实现突出成长的正是软银集团。

■ 软银集团销售额趋势图

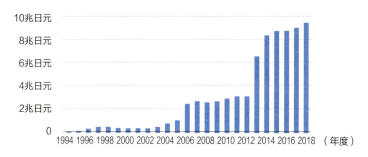

资料来源：参考软银集团官网数据制作

2001年创立"Yahoo! BB"的时候，软银还是一个不为人知的初创公司。从规模来看，整个公司和现在简直是云泥之别。当时，包括孙正义和我在内的几位公司成员是在一间位于破旧写字楼中的小办公室里，开启了一个又一个事业项目。

然而，就在这不到二十年的时间里，软银以惊人的速度成长为一个市值超过10万亿日元（约650亿元人民币）[①]的大集团。

正是孙正义那些被当作"违反常识"的思考、行动，成为软银创造出"赢得了的生意"的必胜法则。

为此，我希望将孙正义的经营理念传递给更多的人，让更多的公司能够在日本蓬勃发展。这便是我一直坚持不懈地把孙正义当作笔下人物的理由。

如何找到新项目的灵感并制订出商业计划？

最近，很多读了我的书的管理者和企业纷纷邀请我去给他们做讲座。我会在这些讲座中介绍孙正义的经营理念，而在之后的问答环节中，大家往往都会问同一个问题，那便是"如何才能找到做新项目的灵感并制订出相应的商业计划"。

---

① 100日元约为6.5元人民币。

"我知道该如何快速地执行PDCA，可在那之前，P（Plan，计划）首先就把我难住了。"

"我知道在P之前首先得做好D（Do，执行），但落实到实际行动之前，总还是需要一个能称为假说的想法吧。该如何获得这方面的灵感呢？"

像这样，在每次讲座后的问答环节中，我总会遇上这些脸上写满了疑惑的年轻人。

在现今这个时代，整个大环境可谓是"风起云涌"，科学技术的进步也在不断加速。AI（人工智能）、IoT（物联网）、5G平台、会员制、区块链等，面对这接连登场的新型技术，越来越多的职场人士开始感到困惑、危机感，"我们必须得尽快跟上时代步伐，开拓新的业务线"。

对于那些靠制造业起家的厂商来说，时代的变换速度更让他们深感烦恼。

在这个被称为"服务化的时代"中，作为制造业代表的汽车行业也不得不开始转向"MaaS"（Mobility as a Service，出行即服务）。

只要产品质量过硬就万事大吉的时代早已一去不复返。

不过话说回来，突然面对"今天开始我们就得想出一个新服务"的问题，无论是谁都得下一番苦功。相信很多职场人士哪怕知道AI与IoT的厉害之处，也都免不了为"如何将其与自身业务连接起来"这一难题抓耳挠腮。

"所以我该怎么办？谁来告诉我？"

于是，这些内心的呼声就成了讲座后大家向我抛出的疑问——如何才能找到做新项目的灵感并制订出相应的商业计划？

商业机会就在社会中的"超负荷、多余、不均"

作为获取新业务灵感、方案的一大切入口，在本书的第1章，我将建议大家去寻找社会中的"超负荷、多余、不均"，并思考如何将其解决。

为什么这么说？因为当下那些获得高速成长的服务正是在解决社会中的"超负荷、多余、不均"现象。共享出行服务平台"Uber"、视频服务平台"Netflix"、流媒体音乐平台"Spotify"，都是其中的典型代表。

我将这一思维方式称为"SQM"（Social Quality Management，社会质量管理）。

为什么我要提出这样一个概念？因为它能让我们发挥出日本商务人士的强项。

一直以来，日本企业都着力于解决自身的"超负荷、多余、不均"，通过彻底的效率提升与品质管理，生产出了一系列高质量的产品。只要将这一思维方式从"企业"延伸到"社会"，我们就能获取相关灵感，制订出商业计划，创造出当今消费者所需的新商品、新服务。

我这么说你可能会觉得有点"不知所云"。在本书第1章中，我将对此进行详细阐述，相信你读完后便能对当今时代的变迁有所理解。

在第2章中，我将为大家介绍"服务化的时代"下的商业新常识。

这一领域的模范，自然就是孙正义了。一直以来，孙正义的经营理念总被认为是"违反常识"的。而今，随着时代的变迁，他的思维方式正在成为"新的常识"。

我将它们总结为"商业新常识"的七点内容。

虽然我们成不了孙正义，但他的思维方式还是可以模仿的。只要我们稍微切换一下视角，以一种不同的方式看待世间事物，看见的内容本身就会发生天翻地覆的变化。

这样一来，新的灵感和商业计划自然也就会随之而来。思维方式的改变会带来行动的改变，进而，我们每天的工作成果也会与以往大不相同。

在第3章中，我将为大家带来孙正义的"创业必胜法则"。

作为投资人被引起广泛关注的孙正义其实也是一位创业达人（创造出新业务与服务）。例如，搜索引擎服务"Yahoo!JAPAN"及其相关的"Yahoo！拍卖""ADSL服务""iphone"等智能手机业务。至今为止，孙正义通过开启许许多多的新项目，取得了巨大的成功。最近在日本广受关注的智能支付"PayPay"（由软银与Yahoo！的合资公司运营）也是孙正义经营理念的一大体现。

孙正义在每次开拓新业务时，其实都必践行同一个法则。

为了让大家都能轻易地模仿，我将其按"获取灵感→制定战略

→验证商业方案→开始提供服务后进行验证、改善"的顺序进行了总结。

虽然其中一部分内容在之前出版的书籍中也有提及，但按上述顺序进行归纳、总结还是第一次。

相信大家一定能够在落实某一具体商业计划的过程中有所参考。

软银实现高速发展的重要原因

本书为大家介绍的内容绝非艰深晦涩。

对于时代的变化，相信所有的商务人士早已隐约有所察觉。但其中一定不乏多数未能将其落实到表达、整理成信息而处在"似懂非懂"状态中的人。这也是为什么很多人在听了我的讲座后都会说"没错！我想的就是你说的这个"。

和讲座一样，我希望这本书能够帮助大家拨开云雾，对眼前的变化有更清楚的理解与认知。

告别了"平成"[1]，我们迎来了新年号"令和"[2]。

---

[1] 平成：是日本第125代天皇明仁的年号，使用时间为1989年1月8日到2019年4月30日。

[2] 令和：是日本历史上的第248个年号，于2019年5月1日0时正式启用。

回顾平成，许多之前在全球范围内大展身手的日本大企业都在这三十年间逐渐淡出了舞台。

说起那些在全球市场中"声名大振"的企业，最先能让人想起的大概就是软银了。

可软银的成长也绝不是一帆风顺的。

软银也曾因"IT泡沫破裂"导致市值跌落到高点时的百分之一，由此引发了所谓的经营危机。我也曾在孙正义的指示下整日整日地打电话寻求股票买家。

可就是这样一家企业，如今已成为市值超过10万亿日元的大集团，其成长速度实在惊人。

那么，为什么软银将这一切实现了呢？

因为孙正义总是能适应新的商业环境，不断地迎接挑战，不断地让自己和社会发生改变。

"优胜劣汰，适者生存。"达尔文的这句经典名言真是对孙正义、对软银的最好表述。

当下的日本，需要的是不畏惧改变、不断挑战新事业的年轻人。

各位读者若是能在读完这本书后有些许"我说不定也能做点什么"的积极想法，那便是我作为作者最高兴的事了。

第 1 章

在SQM时代发掘社会的
"超负荷、多余、不均"

第 2 章

孙正义的7个商业新常识

第 3 章

跟孙正义学"初创企业的必胜法则"

第 1 章

在 SQM 时代发掘社会的 "超负荷、多余、不均"

一直以来，日本企业大多遵循着以汽车制造商"丰田"为代表的生产方式——它们通过消除企业、工厂的"超负荷、多余、不均"，逐渐成为制造业中的领头羊。

固然，上述经验和成绩在今后的时代中必将有用武之地。但在此基础上，我们更需要的是找出整个社会中的"超负荷、多余、不均"，并创造出能解决这些问题的新服务。

正如现今在全球市场中高速成长的共享出行与付费制视频服务，它们的诞生正是着眼于全社会的"超负荷、多余、不均"。这些服务得到了广大消费者的支持，正是它们符合用户需求的证明。

为此，在本章中，我将具体阐述由"企业与工厂"视角切换至"全社会"视角的重要性。

于此，我将引入本章的关键词——SQM（Social Quality Management，社会质量管理）。

"不仅是在自身的组织内部，更要在整个社会中将供给方与需求方连接起来，实现必要时仅提供必要数量的必要物"，这便是SQM的基本概念。

作为SQM的具体商业模式，我将详细为大家解释何为"平台""会员制"与"定制化"。

只有理解了上述概念的本质，我们才能在当今这个时代中创造出"赢得了的生意"。

社会的"超负荷、多余、不均"现象

在前所未有飞速变化的社会与商业环境下，许多日本企业都在为了能赶上时代浪潮而苦苦斗争。

面向全球市场的新商品、服务的诞生也从未停下脚步。共享出行服务平台Uber、民宿短租服务平台Airbnb、视频服务平台Netflix、流媒体音乐平台Spotify，等等，不胜枚举。

事实上，这些企业的商业模式都有一个共通点，那就是，它们都在消除社会的"超负荷、多余、不均"。

以Uber为例，它的着眼点便在于消除汽车市场的"超负荷、多余、不均"。

虽然全世界有无数人都拥有自己的汽车，但并不是所有人每天都会用到车。尤其是住在大城市的人，很多都只是"周末司机"，在周末才能开上自己的车。而且即使是每天开车通勤，很多人真正用上车的时间也不过是上下班时段，一整天下来车还是在停车场放的时间比较长。

也就是说，从整个社会角度来看，家用车的利用率是非常低的。这就产生了一个"超负荷、多余、不均"的问题。

那么，如果不买车，完全依靠公交车、出租车等交通方式可以吗？这也存在着"超负荷、多余、不均"的问题。公交车并不能将我们直接送达所有的目的地，有时候家附近甚至连一个近点儿的车站也没有。

出租车虽然能直接将我们送往目的地，可打车又是一个耗时的过程。地铁站旁还好说，如果是住宅区等地方就难说了，要是赶上突然下雨的天气，打车更是难上加难。

Uber改变了这一局面。只要在手机应用软件上输入目的地，附近可用的车就会出现在手机地图上，点下呼叫按钮，马上就会有司机来接我们。也就是说，用户只要用一个应用软件就能呼叫附近的司机，在必要时调配必要的人员。

顺便说一句，即使是坐上车之后，我们也不需要将已经输入过的目的地再告诉司机一遍。由于支付也是在应用软件上完成，下车时付钱的手续也少了（有些时候车费本身会比一般打车还要便宜）。

当然，我们也可以通过加钱的方式让常规出租车的司机来接。但相比之下，Uber还有一大特点，那就是普通人也可以注册成为司机（由于日本政府的相关规定，目前来说在日本还不可行）。这样一来，拥有自己的车且会开车的人，在空闲时间便能通过Uber赚钱。

因此，我们可以认为Uber就是一个能让全社会充分利用"未使用的私家车"的系统。我们可以明显地看到，通过Uber，私家车的使用率正在得到提升，社会的"超负荷、多余、不均"现象也得以消减。

接下来，我们再来看看在线视频服务平台Netflix和流媒体音乐平台Spotify是怎么做的。

在这些平台出现之前，如果想要看电影和电视剧、听音乐，我们就必须去附近的碟片店借碟，或是去CD店买碟。

哪怕一年只看一次DVD光碟，我们也必须支付租碟的年费。租碟、还碟的手续、时间消费也不可避免。且不说有时候好不容易去一趟店里，想看的碟被别人借走暂时还借不到的情况。但如果把想看的DVD和音乐CD全都买下，成本高是一个问题，占地方又是一个问题。

Netflix平台和Spotify平台便为我们消除了上述"超负荷、多余、不均"的情况。

只要支付固定月费，我们就能从庞大的影片、音乐库中（Spotify拥有4 000多万首歌曲）尽情挑选自己喜欢的音乐来享受，而且都是马上就能享受到的。对于用户来说，实在是方便至极。

由于用户在利用时只是"买入"（拥有）了影片与音乐的"使用权"（非所有权），一旦停止订阅便无法继续试听。但支付低廉的订阅费（Netflix月费为800日元起，Spotify月费为980日元起）就能尽情享受众多的影音资源，使得两大平台在全球的用户突破了一亿人（Spotify虽然也能免费使用，但免费模式下存在无法下载音乐、无法进行离线播放、只限随机播放等功能限制）。

像这样，"平时没有意识到，仔细一想实在是效率低下"的现象充斥着整个社会。

只要能找到解决这些问题的手段，消费者们就会高兴地使用相应产品。"原来还有这一招！"换句话说，社会的"超负荷、多余、不均"中实则隐藏着巨大的商机。它也可以说是现代商业的基本原则。

关注社会中存在"超负荷、多余、不均"现象的企业

一直以来，"超负荷、多余、不均"的现象都被当作企业管理效率、业务效率低下的罪魁祸首。

为了避免发生误解，我在此和大家一起确认一遍它们的含义。

● 超负荷——因运转超过能力极限而导致效率低下（比如，超负荷才能赶上的交货期、超负荷的生产计划等）。

● 多余——在达成目的之外产生了多余的状态（比如，时间的多余、库存的多余、劳动力的多余）。

● 不均——超负荷和多余同时存在，导致品质出现不均。

为了彻底解决上述问题，很多企业都进行了"合理化"的调整。其中最著名的便是"丰田"。

通过看板管理方式（注有订单相关信息，供每一环节参考），丰田实现了仅在必要时生产必要数量的必要物的"准时制"（Just In Time）。而这一生产管理方式也成为众多企业效仿的对象。

丰田生产方式之所以具有跨时代的意义，很大程度上取决于它是一种"完全基于需求"的生产体制。

在那之前，日本企业遵循的往往是美国厂商的生产方式，由管理层决定生产计划，自上而下落实到车间。

但是，车间未能按计划生产的情况每天都有发生。

即使固定了每天运转的生产设备的台数，总还是避免不了机械故障、员工突然请假等情况。一旦在生产过程中出现了这些情况，就会导致流水线的下游出现缺货等问题。或者说，如果某一流程因出现机械故障而停滞，在上游生产线持续生产的情况下就会出现零件的库存积压。

这些正是"超负荷、多余、不均"的体现。

为此，丰田创造出了"后工序只在必要时向前工序领取必要数量的必要材料"这一方法。这样一来，前工序也只需要生产出后工序所需的量即可。

根据现场实际情况不同，每一道工序只要能基于"这一秒需要多少"进行生产，就能实现在必要时仅生产、提供必要数量的必要物。这样一来，不仅是设备与劳动力的利用率得到了极大的提升，"超负荷、多余、不均"的问题也得到了解决。

上述便是"准时制"的基本框架。

"丰田生产方式"的普及说到底还是以企业为中心。导入这一方式的大多也都是工厂、生产流水线等制造业相关的部门。

但是，正如我在前文中提到，"超负荷、多余、不均"并非只存在于企业内部。当我们把目光转向整个社会，便会发现社会各处都充满了"超负荷、多余、不均"的现象。这也就意味着到处都存在着"在必要时仅需要必要数量的必要物"的需求。

不仅是企业内部，整个社会都有这样的需求。这便是这个时代所追求的东西。

一直以来，大部分日本企业都将热情与精力倾注于寻找并消除"企业"框架内的"超负荷、多余、不均"。通过彻底的效率提升及与此相伴的品质提升，它们在全球市场成了制造业中的领头羊。

但遗憾的是，这些都已成过眼烟云。

能在当今这个时代创造出"赢得了的生意"的，都是那些跳出自身框架，关注整个社会中存在的"超负荷、多余、不均"问题的企业。

无论行业还是领域，所有企业都要拓宽视野，将着眼点从"企业"拓展到"社会"。

理解时代的变化，是创造出必胜商业模式的第一步。

■ 从"企业"到"社会"，拓宽视野

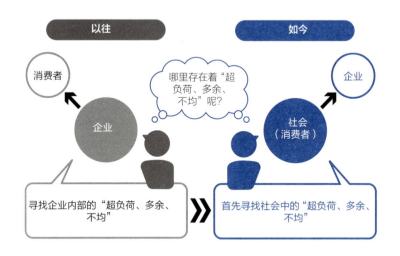

从"TQM"到"SQM"的转换

关于从"企业"到"社会"的转换，我将继续做详细的说明。

此处的关键词是SQM。

一直以来，日本企业的着力点都在所谓的TQM即全面质量管理上。

这一理念可以追溯到20世纪60年代的QC（Quality Control，质量控制）活动。

企业员工为了提升企业产品的品质，自发性地开始进行改善。这一活动大多以工厂车间为中心，类似于每一个车间的社团活动。

但是，仅靠车间的努力并不能完全应对消费者的需求。为此，质量管理便延伸到整个公司，从车间到设计、采购、销售、市场、售后服务，这一整套的管控便是TQC（Total Quality Control，全面质量管理）。

到了20世纪90年代，TQC中的"Control"被"Management"所替代，TQM逐渐渗入日本企业。相比于以生产车间为中心的QC及TQC，TQM是一种基于自上而下模式的改革。企业管理层通过经营战略指明方向，将战略落实到品质与用户满意度的具体数值目标上，然后公司各部门再努力达成相应目标。

固然，QC、TQC及TQM对日本企业的发展做出了极大的贡献，且其在今后也将继续发挥重要作用。

但我认为，仅凭它们并不能持续满足现代消费者的需求。我们还需要一种新的思考方式。

TQM虽然能提升企业产品、服务的质量，进而也能提升消费者满意度，但其效果最终只局限于一定框架内。仅凭这些，我们将无法实现"在必要时仅提供必要数量的必要物"这一社会新需求。

以汽车生产商为例，大家一直以来都以生产高质量汽车、提供高质量服务为目标，认为这就是消费者需求，认为可以借此提升消费者满意度。

但是，通过Uber这一商业模式的人气度可知，消费者的需求实际上是"随便什么厂商都行，是不是别人家的车也无所谓，我只想要在有需求的时候能马上用到车"。当然，有些消费者就是想拥有自己的汽车，也有的消费者会认定品牌，但从社会整体来看，还有很多消费者并非如此。

这样一来，不管汽车厂商多努力地去提升自身商品与服务的品质，最终将仍旧无法满足消费者的需求。

因为不管他们造出的车多省油、外形多酷炫以及他们提供的售后服务多么周到，这些都跟人们"随便是丰田还是日产，我只想在一个小时后有车来我家门前接我，送我去羽田机场（比出租车便宜）"这一需求无关。

SQM即消除"社会"多余的机制

为此，当今时代所需的其实是SQM。

SQM这一术语是我自创的，意图将质量管理这一框架从"企业整体（Total）拓展到社会整体（Social）。"

SQM的具体定义如下：在企业搭建的平台上，为满足供给者与需求者而提供服务的一切相关活动。

硬要比较的话，TQM即消除"企业"多余的机制，SQM即消除"社会"多余的机制。

当今社会"在必要时仅需要必要数量的必要物"这一需求日渐显著，很大程度可以归因于科技的进步。科技的进步使得相应平台的搭建成为可能。

关于平台，之后我会再详细说明。简单来说，平台就是一个集合、提供各式各样信息、服务、商品的"场"。

比如关于乘车，一直以来大家要么是自己买车，要么是打车、租车，选择十分有限。所以，大家只能选择现存的交通方式。

可随着互联网、IoT以及AI等的发展，智能手机这一设备不断普及，人们只需通过Uber这一个应用程序就能实现一个"场"，将"有车且此刻能够开车出门的人"与"此刻想要乘车的人"进行匹配。

这就和以往在工厂车间通过在看板上写"7号零件10个"来传递信息一样，只不过因为科技的进步，这一信息传递方式得以拓展到全社会。

以"准时制"的方式把握社会需求，即时实现供给——这一巨变正在此刻发生着。为了应对这一变化，企业必须拥有"SQM"的思维方式与视角。

再次重复，我并不是说TQM从今往后就不需要了。即使是将视点从"企业"转换到"社会"，企业层面的任何流程依旧必不可少。

为此，TQM依旧为我们所需要。

关键问题在于，我们不能止步于TQM框架的范围内。

如果不将这一质量管理的范围扩大到整个社会，我们或将无法满足人们的需求。为此，我们需要及时转变自己的想法。

拥有SQM的思维方式

何为拥有SQM的思维方式？我将通过一个更具体的例子为大家解释。

假设，你所在的公司是一家生产塑料雨伞的厂商。

为了提高生产车间的设备、劳动力利用率，你们在业务流程改善和成本管理上倾注了不少心血。

因此，凭借以低成本生产出高质量雨伞的这一优势，你们按生产计划为社会供给了一批批的雨伞。也就是说，从消除公司内部多余这一角度来说，你们已经做得卓有成效。

如果将视野从"企业的多余"拓展到"社会的多余"，你所看见的一切都会和之前大不相同。

相信你们都有过这样的经历：出门没有带雨伞结果突然赶上了暴雨，无可奈何只能在便利店赶紧买上一把塑料雨伞。就这样，家里可能已经攒了不少只用过一次的塑料雨伞。虽然觉得扔了可惜，但最后也只能将它们送进垃圾桶。

这样的事在日本大概处处都有发生。换句话说，全社会都有大量的"被浪费了的雨伞"。

所以，无论你的公司生产的雨伞品质多么优良、成本多么低廉，其中大多最终都只是被大家当作一次性雨伞扔了。这对社会来说自然也就是一个巨大的"多余"。

如果是这样的话，我们有没有可能创造出一个能消除全社会塑料雨伞"超负荷、多余、不均"的商业模式呢？这便是SQM的思维方式。

事实上，基于这一想法而诞生的商业模式已经存在了——"共享雨伞"服务。

打开LINE（即时通信软件）内的应用程序，你就可以看见附近站点所剩的伞数。接下来要做的就只是走到站点借伞、用完还伞。每天哪怕是多次利用也只需70日元，相比便利店500日元一把的伞，怎么比较都更划算。

此外，由于共享雨伞的站点往往设置在运营商签约的便利店、饭店，异地还伞完全是可行的。现在这一模式在日本的东京、福冈两地均可利用，虽然是2018年12月才起步，但如今注册用户已经超过了2万人。今后随着共享点的增加，用户人数大概率会进一步增加。

据统计，日本国内的塑料雨伞年消费量约为8 000万把。但对于从便利店购买塑料雨伞的消费者来说，很多都是"没别的选择只能买了"。如果在必要的时候能够获得必要的雨伞，购买塑料雨伞的人数会相应下降，整个社会所需要的伞数自然也会不断减少。

如果是这样，你所在的公司无论付出多大的努力去消除"多余"，生产规模都会不断缩小。

与此相反，如果你们能尽早地从SQM视角思考，意识到全社会

■ 共享雨伞服务登场！

"突如其来的大雨，看来又得买一把塑料雨伞了。家里都不知道有多少把不用的伞了……"基于这一消除多余想法而生的共享雨伞服务正可谓是"SQM式"的商业模式。

如何使用

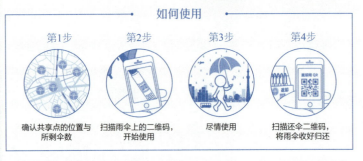

第1步　　　　第2步　　　　第3步　　　　第4步

确认共享点的位置与　扫描雨伞上的二维码，　尽情使用　　扫描还伞二维码，
所剩伞数　　　　开始使用　　　　　　　　将雨伞收好归还

前往手机地图上显示的最近的共享雨伞站点，扫描伞柄上的二维码。取出雨伞后开始使用。使用完毕后扫描站点（与借取时非同一站点也可归还）的还伞二维码将雨伞归还。

使用费用

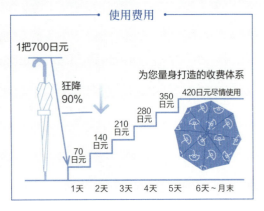

1把700日元

狂降90%

为您量身打造的收费体系

70日元　140日元　210日元　280日元　350日元　420日元尽情使用

1天　2天　3天　4天　5天　6天~月末

资料来源：i-kasa 官方网站

"超负荷、多余、不均"的问题，说不定抢先一步开启"共享雨伞"模式的就是你们。借此，现有业务的利益损失将得到填补，甚至还能获得超过以往业务模式更高的利润。

我十分相信，"SQM"思考法则将成为今后创造成功商业模式所必需的思维方式。

消费需求从"占有价值"变为"体验价值"

奠基了丰田生产方式的大野耐一先生曾说过这样一句话："企业内只存在着'工作'和'多余'两种状态。只要我们能彻底消除'多余'，生产效率就能得到提升。很多情况下，即使员工本人的意愿是好好工作，可在旁人看来，他们所做的也并非'工作'。"

如果将这句名言放在当今时代背景下重新解读，就会得到下面这句话：社会中只存在着"体验价值"和"多余"两种情况。只要我们能彻底消除"多余"，生产效率就能得到提升。很多情况下，即使企业的意愿是为社会提供"体验价值"，可在旁人看来，他们所提供的也并非"体验价值"。

体验价值如其字面含义，即通过体验带来的价值。

以往，消费者往往通过"占有"获取价值。无论是刚才所举的汽车之例，还是为了享受影像与音乐而租赁、购买的DVD和CD，人们都是通过"占有"来获得移动方式及娱乐的价值。

而今，即使不需要"占有"，人们也可以在有需求的时候通过应用软件实现出行，通过智能手机和电脑随时、随地、随心所欲地看剧、听歌。即使是时尚领域，越来越多的年轻人也开始"不购买，而是通过租借的形式在必要的时候获得想穿的时装、想背的包包"。

换句话说，如今的消费者所需的并非"占有"，而是"即时获得必要的体验"。

购买单位从"物件单位"变为"体验单位"

伴随着上述变化，购买单位也从"物件单位"变为了"体验单位"。

以汽车为例，汽车的购买单位已从"一辆"变为了"一程（乘车单位）"。而影像资源等的购买单位则从"一张DVD"变为了"一位订阅者"。这便是当代消费者的感受。

■ **如今的消费者已"不再想拥有"**

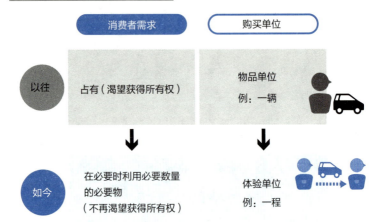

超出"体验价值"的部分对消费者来说将成为一种"多余"。

比如，每周只会在周末用到的车买了是多余，为了或许只看一次的电影而购买一张DVD也是多余。

所以说，社会中只存在"体验价值"与"多余"。

最近大家常说"由产品时代进军服务化时代"，这本质上就是从"占有价值"到"体验价值"的转换。

而在这一思维方式转变的背后，正是科技进步与社会结构的变迁。

只要在手机上轻点几下，想要的东西就可以马上送货上门。而随着购买成本的不断下降，人们不再从占有中感受到价值。甚至越来越多的年轻人开始认为，"不拥有反而才更潇洒"。

"断舍离"以及"极简主义"也正是上述想法的体现。收纳女王近藤麻理惠所提倡的收纳方法风靡全球，说不定也能成为占有价值不断下降的一大论据。

实现自由体验方式的年轻一代

近来，越来越多的年轻人开始觉得房子也是"必要最小限"即可，由此"迷你公寓"开始掀起热潮。

如今的日本，不少房源都是4.86平方米的一室（对应日本的3叠）户型。这些"迷你公寓"都带有独立卫生间和浴室，也能让人花费相对低廉的租金住在东京的热门区域，但要是放在之前，大家一定会因为"实在是太小了"而不将其纳入备选之列。

而今，这些房源一公开就马上被抢空。这背后的缘由正是年轻人们"不再想要拥有了"。

有了智能手机，电视就不被需要了，由此便无须再为电视的放置空间而烦恼。衣服和包也一样，想要的时候租也行，买二手的也行，大的衣柜也因此不再成为必需。肚子饿了打开订餐软件叫个外卖，没有冰箱也没有关系。

就这样，即使没有宽敞的空间，大家也都能过得舒舒服服。

对于那些住在迷你公寓的年轻人来说，明明不需要那么大空间却还要支付高昂的租金实属"多余"。

除了上述现象，在日本甚至还出现了"Address Hopper"（四海为家）这一生活方式，他们居无定所，在朋友家、合租屋、民宿和酒店间转换落脚。

没有"家"也没关系，能获得以"一晚"为单位的住宿体验价值即可。这便是"Address Hopper"的思维方式。

对于年轻一代来说，房屋租金和汽车保养费等固定成本都只是"实现自由生活方式的阻碍"。不知不觉之中，从"占有价值"到"体验价值"的转换已经发展到了如此程度。

你的公司不做，必然会有别的公司来做

另一方面，从企业角度来看，大家似乎都还在为了提供"占有价值"而努力。

对于那些只想搭一程车的消费者，企业们却费尽苦心地让他们买

一辆车。这难道不是在制造"社会的多余"吗?

对于以制造业为根基的厂商来说,这句话听起来可能有点过分。

但这也是"现在进行时"的现实问题。如果我们不能直面这一现实,日本企业将绝不可能在今后的时代中创造出任何成功的商业模式。

当然,并不是说要让大家把至今为止积累起来的东西全都扔掉,而是将视角放在企业内部还是拓展到全社会的区别。

关于消除企业内部的"超负荷、多余、不均"等问题,日本企业拥有全世界领先的经验与技巧。

只要我们能稍微转换一下视角,就一定能发现许许多多的"超负荷、多余、不均",并通过一直以来积累起来的经验找到解决它们的手段。

我相信,日本企业一定是有这方面的潜力的。

看到这里一定有不少人会想,"不管你说什么,我们说到底还是一个制造商,除了生产产品还能干什么?"

可是别忘了,今后"物件单位"的消费会逐渐减少已是板上钉钉的事。

在汽车行业,共享出行和共享汽车将大大提升全社会的汽车利用率,届时全社会仅需最少的汽车数量就能够满足所有需求。

这样一来,相比提供新款车型,汽车厂商更应思考的是"如何才能利用社会中现有的汽车为消费者带来体验价值"。

在汽车领域,已经有了相应概念MaaS(Mobility as a Service,出行即服务),意为以服务形式满足用户的汽车等交通出行需求。

换句话说,汽车已经开始由"物件单位"贩卖的商品向"体验单位"的服务转换了。

事实上，这一形式并不只限于汽车行业。

从全球范围看来，还有"×aaS"（×as a Service，某某即服务）和"EaaS"（Everything as a Service，一切皆服务）等概念。也就是"所有东西都被服务化"了。

最开始，上述概念只是在IT领域使用，指的是以往以产品及系统形式购买的电脑资源将通过以互联网为支撑的服务形式提供，如今"×"可以指代任何行业的任何产品。

你所在公司的产品也不例外。

面对现有业务规模缩小这一现实，大家难免会有抵触心理。可如果你们不就此行动，总有他人会先行一步。

身处商业世界中的人都会对这般社会变化有所察觉。

以汽车行业为例，其中一定会有某些公司已经想到了如何利用社会中现有的汽车为消费者带来体验价值进而付诸实践，将其他竞争对手远远甩下。

而所谓的"某些公司"正是以Uber为代表的共享出行服务提供商，他们已经进入了市场。

其他行业也不例外。总有一些人会先一步注意到社会的变化，他们会利用你所在公司生产的产品开启一个全新的商业版图。

他们，有可能是毫无名气的初创企业，也有可能是软银等完全属于其他领域的公司。

毫不夸张地说，所有的日本企业现在都面临着两条路——是看着

"某些公司"无动于衷，还是改变自身的思维方式，将至今为止积攒起来的经验充分运用到未来的事业中。

到此为止，我对为什么我们现在需要拥有"SQM"的思维方式进行了背景说明。

相信很多人虽然理解了"SQM"的概念，但还是不清楚该如何将其与实际业务连接起来。

为此，我将通过三个商业模式为大家解说该如何将SQM思维方式具体化。

①平台

②会员制

③定制化（提高附加价值）

将SQM落地的商业模式1——平台

何为平台

平台的概述

平台的三大要素

❶ 通过对价值的卖方与买方进行灵活可变、直接的连接而实现最优

❷ 不参与生产但致力于搭建信息与价值的流通机制

❸ 积累创造价值所需的信息

平台的三大功能

1. 买卖中介
2. 根据用户评价实现品质保障
3. 支付

平台能带来的经营变革

1. 经营资源从"大量占有"到"实时调配"
2. 价值创造的"场"从"工厂"到"社会"
3. 从"工厂运转率"到"社会运转率"
4. 价值链从"单向固定"到"实时最优"
5. 从"大量生产、消费模式"到"循环模式"

在SQM的定义阐述中，我对"平台"一词进行过简单的说明——之所以社会能实现"准时制"，是因为出现了提供平台这一"场"的企业。

由于提到平台，大家最先想到的都是"GAFA"（Google/Amazon/Facebook/Apple）四家公司，很多人便误以为只有超大企业才能成为平台，可事实并非如此。

这世界上许许多多的平台都是由小机构以及初创公司搭建的，其中更有不少来自市场规模十分小的细分领域。

为此，能否搭建平台与企业的规模、知名度、行业、现有业务内容毫不相干。

只要能理解"何为平台"的本质，任何企业都能成为平台搭建者。当然，你的公司也可以。

平台的三大要素

首先，我将明确一下平台的定义。

从GAFA进入大家视野的很久以前开始，软银就已经开始使用"平台"一词。当时软银将其定义为"基于一定规则将卖方与买方连接起来的东西"。这一在数字化时代得以高效实现而形成的东西，便是如今我们所定义的平台。

为了进一步对平台进行定义，我将在下面为大家介绍平台得以成立的三大要素。

（1）通过对价值的卖方与买方进行灵活可变、直接的连接而实现最优

平台的一大作用就在于，将卖方与买方直接连接，将价值按"体验单位"进行买卖，实现"准时制"形式的供给。

这里重要的一点是要"灵活可变"。

在传统的"物件单位"买卖中，人们的购买对象是固定的。

比如，对于"想要汽车"的人来说，他们只能购买汽车制造商生产出来的成品。具体到购买流程，要买丰田车只能从丰田的代理商处购买，要买日产车只能去找日产的代理商。

但是，在平台上，人们可以根据目的不同利用各式各样的"车"。

以Uber为例，人们可以呼叫一般注册司机的私家车、可以预订豪

华车，同时也可以选择出租车公司的出租车。如果想要车费便宜，大家还可以选择拼车。

同时，平台上的价格也是灵活可变的。

在国外，即使是相同距离和路线的Uber服务，价格也会由于乘车时间而发生变化。假设你要从在巴黎居住的酒店坐Uber去卢浮宫美术馆，早上的一般价格大概是10欧元。可如果你要赶在9点美术馆开馆前到，费用大概会涨到15欧元。

也就是说，需求越低价格越低，需求越高价格越高，这一价格变动会即时地反映在平台上。

通过这一灵活可变性，平台得以实现全社会范围的出行价格最优化。

（2）不参与生产但致力于搭建信息与价值的流通机制

平台并不参与商品的生产过程。

Amazon（亚马逊）虽然覆盖了各种品类的商品，但其本身并不参与商品的生产过程（智能音箱Amazon Echo等极少数产品除外）。其他平台亦是如此，就像Youtube平台并不参与视频制作，Uber平台并不生产车辆（Uber自身的开发项目自动驾驶除外）一样。

此外，Apple（苹果公司）虽然算得上是厂家，但当其作为提供iTunes（一款数字媒体应用播放程序）及Apple Store（应用商店）的平台运营商时，其也未参与相关内容的生产。

相反，这些平台提供的是信息与价值的流通机制。只要能构建出满足要素（1）的系统，企业就能成为平台运营商。

（3）积累创造价值所需的信息

为了让自身提供的服务具有价值，企业必须保证产品及内容的质量。

在以"物件单位"贩卖商品的时代，供给方会通过出厂品质检测来保证该商品品质达标。

然而在平台时代，进行质检的主体将是用户。

以Uber为例，乘客与司机会互相评分，最高为五颗星。Amazon和App Store也是一样，用户会对产品、应用以及出品方打分。

通过此类信息的积累，用户将能对产品的体验价值进行判断。用户越多，信息数据就越多，品质保证的精度也将随之提升。

平台的三大功能

在搭建平台时，必须确保其满足以下三大功能。

（1）买卖中介

即将价值的买卖双方连接起来的功能，这是平台的基础。

将商品与服务摆放在"场"内，让想买的人能够自由地进入，这一机制便是平台。

（2）根据用户评价实现品质保障

正如前文所述，平台是通过用户评价与评分来实现产品内容的品质保障。

以Uber为例，评分为4.6以下的司机将无法接收到系统派单，由此使得用户能够避开服务有问题的司机，安心使用。与此同时，司机也能对乘客进行评价。对于行为举止不当、屡次制造麻烦的乘客，司机可以拒绝搭载。

（3）支付

作为买卖中介，支付功能自然必不可少。

所提供的支付手段越多，对用户来说就越方便，进而将越有利于实现用户增长。

尤其是信用卡支付、电子支付等在买卖合同成立的同时就能实现即时支付的功能，更为必须。相比现金支付之烦琐、不安，在线支付对买卖双方来说都是相对便捷的手段，而且卖方也能相对确定地收到费用。

在进行平台支付时，因为要确认用户是否为本人，个人信息相关的ID管理也尤为重要。事实上，"用户ID的获取"将成为平台运营商的一大优势，也是各平台运营商扩大平台规模的关键。

延伸阅读

是选择政府监管还是选择平台运营商？

有人会说"Uber说到底就是拉生意的黑车"。但两者之间其实存在着根本性的差别，即是否"根据用户评价实现品质保障"。

一般拉生意的"黑车"体系里并不存在判断司机好坏的机制。为此，乘客的安全、安心得不到保证，有时候甚至还会引发犯罪。日本政府将此纳入监管范围内。

相对的，Uber平台具有品质保证功能，司乘双方会在成立买卖合同前确认对方评分，由此避免争端。相比不知道会遇上好司机还是坏司机的整个出租车体系，可以说Uber还是相对安心、安全的。

事实上，国外的出租车司机即使会打表，有时也会暗地里调高价格，报出"天价"。我之前在罗马就差点被出租车司机敲诈，在那之后便觉得"如果是这样，还不如在Uber上找个评分高的司机比较安全"，自那之后便不再在国外叫出租车了。此外，由于Uber是通过事先登录的信用卡信息进行支付，整个支付过程完全不会遇到麻烦。

在日本，因为自觉的人比较多，大家遇到坏司机的概率相对就比较低。但是在一些国家和地区，平台运营商可能比政府监管更能保证服务质量。

当然，对于"解除政府监管，全权交给平台运营商"这一观点，我也持怀疑态度。

在上文中也提到，因为不同国家和地区的社会环境、国民素质都会有很大的不同，所以不可一概而论。

由于日本政府的相关规定，Uber只有部分服务能在日本市场开展。很多人对此都持有批判意见，但我认为，是否应该在日本开放私家车市场确实还有待商榷。比如，一旦私家车注册司机涌入市场，面临低廉的打车费，是否就应降低那些接受过专门训练的高素质出租车司机的薪酬？

是选择政府监管还是选择平台供应商，这将是我们今后需要深入讨论的一大命题。

陆续诞生的其他平台

只要能满足上述定义，且具备所必要的功能，就能成为平台。

当然，不一定要做到像Amazon一样能覆盖所有的商品种类才行。即使是一个狭小的细分市场，只要存在价值买卖的用户双方，平台就能成立。

前文中介绍过的"共享雨伞"就是一个很好的例子。

将全社会中"多余"的雨伞和需要用伞的人连接起来，虽然是一个非常狭小的领域，但却是一个搭建平台的好例子——只要你有发现社会中"超负荷、多余、不均"的眼光及解决相应问题的想法。

除了"共享雨伞"，还有很多在细分领域中崭露头角的平台。

接下来我将为大家介绍其中的几个。

◎ Dr.'s Prime

这是为医生提供兼职信息的平台。且其目标设置为"二级急救医院的值班医生"这一具体的细分群体。（日本的急救医疗体制分为一、二、三级，一级急救医疗主要收治病情相对较轻的急诊病人，二级收治需手术、短期住院的急诊病人，三级负责接收一、二级转送的重症急诊病人。）

该平台得以从成立以来实现了高速成长，正是因为社会中存在"相应需求"。

对于许多二级急救医院来说（收治一般患者），接诊时间外值班医生及夜班医生的紧缺一直是一大难题。清晨和深夜在医院值班、接待急诊患者对医生来说是很大的负担，各二级急救医院内部也很少有医生会自告奋勇地报名值班。

为此，各医院通常以兼职形式雇佣值班医生。其中，应聘的值班医生多为三级急救医院（收治重症急救病人）的白班医生。对于这些医生来说，日常工资并不算高，所以他们会选择在工作日的夜晚或是周末在二级急救医院兼职。

但是对于这些医生来说，日常在三级急救医院的工作已经足够疲惫，大家内心自然都是想要休息的。而且兼职值班多为按天计费，对于兼职医生来说，即使每天接很多急诊也无法收到更高的日薪。

这样一来就产生了一个问题，很多急救医院（准确来说是兼职的值班医生）便开始拒绝接收救护车送来的病人，病人不得不多番"辗转"才能得到收治。

为解决上述问题，"Dr.'s Prime"设定了相比市场价格更高的薪酬，并且根据接收救护车的数量为兼职值班医生提供奖励金——每多接收一台救护车，就能多获得一份奖励金。作为条件，值班医生"没有特殊情况，不得拒收救护车送来的病人"。

通过这样一种机制，"不拒收救护车的医生"和需要此类医生的医院得以匹配，平台用户也不断增长。

此外，在完成兼职工作后，医院会对兼职医生进行评价，借此也实现了平台的品质保障功能。（对于医生来说，获得的评价越高，自身的评分也会越高，进而还能获得更高的值班薪酬）。

■ 消除急救患者"遭拒收辗转"的服务

Dr.'s Prime　https://drsprime.com/

在日本，大多急救医院都会雇用深夜及节假日的兼职值班医生。

然而，对于这些值班医生来说，他们的薪酬为日薪制，即使值班期间接收再多救护车送来的病人，日薪也不会发生任何变化。由此，很多急救医院（准确说来是兼职的值班医生）便开始拒绝接收救护车送来的病人，出现了不少病人不得不多番"辗转"才能得到收治的事例。为解决这一问题，Dr.'s Prime所提供的兼职医生中介服务"设定了相比市场价格更高的薪酬，且能根据接收救护车的数量为兼职值班医生提供奖励金"。

管理层

董事长兼社长 / 医生

田真茂

于日本圣路加国际医院参与初期研修，获研修医优秀奖。圣路加国际医院的急诊部是东京都最繁忙的急诊中心之一，作为值班医生负责人，田真社长充分践行了"杜绝拒收的急救医疗"。2016年，加入日本MEDLEY有限公司相关项目，直面医疗急诊一线拒收病患问题。为实现杜绝拒收的急救医疗，开创了"不拒收病患的兼职医生中介服务Dr.'s Prime"。

Dr.'s Prime的社长田真茂本人是日本圣路加国际医院急救一线的医生。为实现"杜绝拒收的急救医疗"，开创了这一中介服务平台。

资料来源：Dr.'s Prime 官方主页

平台运营商的社长田真茂本人也是医生，为了解决自己在急救一线观察到的问题，开始了这项业务。

这个案例告诉我们，即使来自商务领域之外，也能找出社会中的"超负荷、多余、不均"现象，实现平台的搭建。

◎ Anycar

能够驾驶他人汽车的共享汽车服务。

Uber从本质上来说是一个获取出行手段的平台，即驾驶工作将由车主完成。而在Anycar，用户本身能驾驶他人车辆。这便是两个平台间最大的不同点。

Anycar这一平台连接的是"想要把自家车租出去的人"和"想要驾驶梦想车型或尝试与自家不同车型的人"。

通过Anycar的应用程序，用户可以在手机上检索各类车型。除了日本的国产车，宝马、奔驰、保时捷、阿尔法·罗密欧等热门进口车也是"供给"充足。此外，既有特斯拉等电动汽车的最新车型，也有汽车狂热粉们心爱的老爷车。

一般来说，平日里人们即使想驾驶敞篷车等高娱乐性的车辆，也很难在普通的租车公司租到。即使能租到，租赁费也总是让人望而却步。

与此相比，Anycar的价格便显得亲民许多。

打开Anycar的官网可以发现，标致SUV的24小时租赁价格仅为8 000日元，而奔驰的敞篷车也不过7 000日元，让人不由觉得"这个价格确实可以租租看"。

选中心仪车型后，用户可以在应用程序上进行预约，待车主同意后，租赁便算成立了。在完成信用卡支付之后，用户只需在当日前往提车即可。

此外，能让车主和租车方放心使用的"品质保障"功能也得到了充分实现。

■ 一对一的汽车租赁服务

将"想要把自家车租出去的人"和"想要驾驶梦想车型或尝试与自家不同车型的人"进行匹配的汽车共享平台。通过地点、车型进行检索，完成预约且车主同意后，租赁成立。通过信用卡完成支付后，用户只需在当日前往提车即可。此外，能让车主和租车方放心使用的"品质保障"功能也得到了充分实现。

资料来源：Anycar 官方主页

SQM思考法则
跟孙正义学商业创新

为完成Anycar的注册审查，用户和车主都需要上传驾驶证与行驶证。在车辆归还后，租借双方将对对方进行评价，其他用户将基于评价信息进行自身的汽车共享。

如果想要在预约前进行提问，用户可以通过应用自带的聊天功能进行交流。且预约订单将与单日车险联动，万一发生事故时也可以得到充分保障。

我本人也使用过他们的服务。整个服务流程充分体现在应用程序的逻辑中，体验良好。

比如，在将车辆归还给车主时，应用会跳出"请确认车辆是否有划伤"的界面，只要按着屏幕指示，就不会漏下任何必要程序。

Anycar的运营商是一家由DeNA与SOMPO控股出资成立的合资公司。2015年，Anycar作为DeNA的新事业项目成立，在2019年4月由合资公司接盘。

据DeNA公司负责人表示，在进行一对一的汽车共享时，风险管理和事故预防十分重要。为此他们认为，与作为事故安全专家的保险公司合作将进一步迎合消费者的需求。

像这样，并非由某一企业单独进行，而是通过合作形式发挥协同效应也是平台运营的典型案例。

◎ Tabinaka

提供自由行服务的旅行平台。

将那些想去小众地点旅行、获得小众体验（大型旅行社不提供相关选项）的游客与当地日语导游相连接的平台。

■　精选自由行（带当地日语导游）

将那些想去小众地点旅行、获得小众体验（大型旅行社不提供相关选项）的游客与当地日语导游相连接的服务平台。

能够登上平台主页的都是经运营商面试挑选、满足一定条件的日语导游项目。用户将根据实际体验对当地日语导游进行评价和打分（五星制），由此实现以用户体验为基础的品质保障功能。

资料来源：Tabinaka 官方主页

如今在Tabinaka上，已有6 000多个旅行项目。从亚洲到欧美、大洋洲，目的地覆盖了全世界200多个城市。"想去塞班岛和鲸鲨一起游泳""想去NAPA VALLEY逛酒庄"等，各式各样的体验可供选择。

而且，能够登上平台主页的都是经运营商面试挑选、满足一定条件的日语导游项目，总体的服务质量得到了保证。此外，用户将根据实际体验对当地日语导游进行评价和打分（五星制），由此也实现了以用户体验为基础的品质保障功能。

说起来，自由行在整个境外游市场中算是一个很小的领域，即使如此，Tabinaka平台还是实现了高速发展。

Tabinaka的平台运营商是一家2014年成立的初创企业。2019年5月，该公司被日本大型旅行社H.I.S.的子公司Justavi收购。Justavi是一家为访日的外国游客匹配当地司机的平台运营商。据说此次收购后，Tabinaka将在冲绳及北海道展开访日旅游业务。

这个案例说明，即使是一家刚成立的企业，只要能搭建出符合社会需求的平台，就有可能被斥资收购，纳入大企业的事业版图。

◎ Jimoty

将想要转手闲置物品、贩卖二手商品的人与想要购买相应物品的人相连接的平台。

正如"Jimoty"在日语中的字面含义，这一平台的交易是以"在用户所居住的区域、与该区域居民进行交易"为前提的。与Mercari等无区域限制的二手交易平台不同，Jimoty的用户可以通过面交形式完成交易，因此避免了打包、快递等烦琐的过程。

在完成注册后，用户可以在Jimoty上免费发帖、发广告。不仅是二手交易，Jimoty还成了各地招聘、社团招募成员的一大平台。

就其盈利模式而言，Jimoty不收取任何用户注册费、手续费，而是通过企业的广告费实现营收。

这一商业模式实际上是起源于美国的"Classified Site"（分类站点）在日本的应用。20世纪90年代诞生于美国洛杉矶的"Craigslist"这一平台模式如今已在世界各国生根发芽。

■ 将"本地居民"连接起来的免费公告栏

正如"Jimoty"这一词汇在日语中的字面含义，平台上发布的都是各式各样的本地信息。虽然平台的主要目的在于连接"想要转手闲置物品、贩卖二手商品的居民"与"想要购买相应物品的居民"，发布本地招聘信息、社团信息也逐渐成为了其新的内容版块。

资料来源：Jimoty 的官方主页

Jimoty于2011年成立，这一商业模式在日本还完全处于摸索、发展中的阶段。2016年，Mercari（购物网）开放了类似的Classified

Site"Mercariatte"，但在2018年就退出了市场。所以说，这一模式今后能否在日本扎根还需要进一步观察。

但毫无疑问的是，其广告营收模式、对海外商业模式的借鉴本身，都可以成为现今日本企业的参考——"原来还能以这样的方式创建平台"。

怎么样，读到这里，大家对平台的理解是否发生了些许改变呢？

关于平台，重要的既不是其大小，也不是营运商的规模与业绩。只要我们能立足于"超负荷、多余、不均"的思考，创造出解决相应问题的"场"，就一定能吸引来价值的买卖双方。

当然，随着用户规模的扩大、数据的积累，下一阶段的平台规模扩大也是理所当然的事。以Amazon为例，其最初也只是在书籍买卖这一狭小的范畴内拓展业务，之后逐渐扩大规模至今。

关于成长战略的制定，我将在第3章进行详细说明。

平台带来的经营变革

从整个社会的商业发展来说，伴随着基于SQM思维方式的平台的不断发展，企业经营管理的概念也将发生巨大的改变。其中最为剧烈的变化可概括为以下五点。

（1）经营资源：从"大量占有"到"实时调配"

传统的企业经营理念认为，应尽可能地大量收集"劳动力、原材料、资金、信息"。也就是说，企业的实力很大程度上取决于如何积累这些固定资源。

但是，当市场交易的单位由"物件单位"变为"体验单位"时，大量持有资源便不再必要。

因为当全社会都在进行"准时制"的交易时，平台企业只要能保证当下这一时刻交易所需的资源就足以确保运转。另一方面，由于交易总量也在实时发生变化，过多地持有相应资源反而会成为经营管理的负担。

由此，平台运营商更需要的是在每一个时刻调配当时所需的"劳动力、原材料、资金、信息"。

随着互联网技术与物流的发展，调配物资与劳动力的成本正在大幅下降。资金也是一样，只要平台运营商的价值能在市场上得到认可，就立马能从投资者手里拿到钱，信息就更不用说了。

所以，对于平台企业来说，只要能在必要的时候调配到必要量的资源就足够了。

如果全社会的商品交易都是以"准时制"的方式实现，企业经营资源的调配便也只需"准时制"。

上述便是我们探讨的第一个巨变。

话说回来，由于平台运营商本身并不参与商品生产，其完全没有必要拥有必要量之外的劳动力与设备。即使它们需要搭建必要的系统、网站，这些基础设施所需的资金投入也将大大少于实际建厂所需的费用。

即使"不拥有"也能不断地扩大市场规模，这便是平台的时代。

（2）创造价值的"场"：从"工厂"到"社会"

在交易还是以"物件单位"计数的时代，价值的创造主要源于工厂。

以汽车为例，只要在工厂中完成所有零部件的组装、成品出厂，商品的价值便得以形成。

而在出厂之后，商品价值便不断递减。除了一部分古董车，大部分汽车的价值在消费者完成购买时便开始下降，且一般在十年后就会变得一文不值。

与此相对，当交易是以"体验单位"计数时，价值的诞生则始于服务利用。

以家教这一服务为例，家教老师对学生的辅导开始后，价值便产生了。而在那之前，价值并不存在。

此外，在"体验单位"的交易模式下，服务提供一旦中止，价值便立即消失。虽然教师所传授的知识与信息仍然留在学生的脑海中，但这并不像购买汽车，无法留下任何"有形"的东西。

换句话说，体验价值是在社会各处、以"准时制"的形式被不断创造出来的。

这便是"物品"与"体验（服务）"的区别。

随着交易由"物件单位"向"体验单位"的变迁，人们的价值观也会发生改变。

在物品交易的时代，人们会通过"拥有"来实现自身的展示欲，进而获得满足感。人们所认可的价值也正是产生于这一过程中。

而在购买体验的今日，"能用就行"的价值观成了主流。只要能在必要的时候、必要的场合得到必要的体验，消费者就能获得满足感。

随着平台化的不断普及，价值诞生的场所和价值本身的含义都在发生着巨大的改变。

（3）从"工厂的运转率"到"社会的运转率"

如前文所述，在制造业的时代，企业的重心主要在于通过尽可能地提高设备运转率、劳动力利用率来消除内部的"超负荷、多余、不均"。

但在今后，如何提升全社会的物资运转率、劳动力利用率将成为企业增收的核心。

因为无论企业内部的资源利用率多高，如果它们制造出来的商品被社会认为是"超负荷、多余、不均"的，消费者就不会积极购买。

刚才在SQM的案例中也有介绍，即使塑料雨伞生产商非常努力地提升了工厂的运转率、大量地生产塑料雨伞，对于社会来说还是一种"多余"。同样的例子一定不在少数。

今后，为了扩大企业利益，更重要的不在于如何提升"工厂的运转率"，而是要努力提升"社会的运转率"。

以往为了提升工厂的运转率，企业不得不培训更多的复合型工种（一个人能干多种类型的工作）、精心设计工作流程、采取看板等形式促进横向信息沟通，而这些都是十分耗费时间、精力的。

今后，随着科技的不断进步，每个人只需要一部智能手机就能完成从信息共享、下单、支付到品质评价等所有的流程。新的时代下，之前在工厂内需要费心管理的内容在全社会范围内轻松地就能被实现。

相对应地，运转率、利用率这一概念也将从"工厂"转向"社会"。这便是平台带来的另一变化。

（4）价值链：从"单向固定"到"实时最优"

在以往的商业模式中，价值转移往往是"单向固定"的。

以汽车生产为例，商品价值的转移主要会依次经历：生产商、代理商、消费者。这一流向既不会改变，往往各自的相对位置也是固定的（如下图所示）。因为各汽车厂商往往只通过自身固定的代理商贩卖给消费者，贩卖流程中并不会产生新的参与者。

■ 以往价值转移的流程

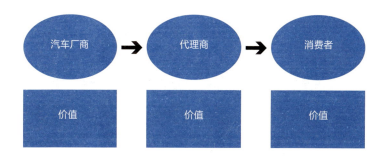

然而随着商业数字化水平的不断提升，平台在价值链中登场了。由此，价值的供给也将由单线供给变为复线供给。不过在初期阶段，箭头依旧是单向的。

接下来，我将以20世纪90年代微软在美国建立的汽车中介平台"CarPoint"为例进行说明（如下图所示）。

■ IoT 之前的平台

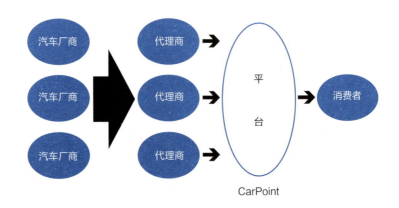

CarPoint

在日本，汽车代理商往往是按厂家、地区进行划分的。如果消费者想购买丰田的汽车，往往只能经由当地的丰田代理商。而在美国，同一代理商可以同时代理多家汽车厂商的同类车型。

对于消费者来说，美国的代理模式为他们提供了更多选择，但需要逐一获取报价也成了一大问题。

为此，CarPoint登场了。在CarPoint这一平台上，消费者可以同时从多家代理商处获得报价，相互比较也就变得十分容易了。

上述便是数字化初期价值转移的流程。

进一步而言，随着科技进步、IoT的登场，价值买卖双方的匹配将变得更精准、即时（如下图所示）。

■ **IoT 之后的平台**

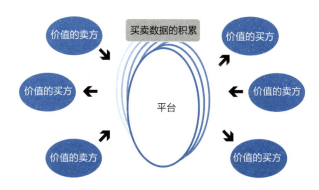

一直以来，价值转移往往是从厂商到消费者的单向转移。然而进入了这一阶段，散布在全社会的卖方与买方将通过平台自由沟通、交易体验价值。

AI将基于平台上积累的所有买卖信息进行分析，判断出"这位卖方和那位买方的匹配将实现最优"，进而将相应买卖双方相连。由此，价值交易的流程、交易主体将根据最优策略即时发生变化。

话说回来，价值链这一概念最先用于商品、服务传递的流程分析。而在新的模式下，相比将所有主体串联起来的"链条"，瞬时改变形态的"阿粑"式的表达可能更为贴切。

价值链分析被誉为经营管理的基础。但我们也有必要意识到，在平台时代，价值链这一概念本身也在不断发生着变化。

（5）从"大量生产、消费模式"到"循环模式"

随着人们的价值观由"占有价值"向"体验价值"转移，"多余"的商品将不再受到消费者的青睐。由此，对于此类商品，企业也没有必要开展大量的生产。

当全社会都能按实际的需求生产、供给时，"大量生产、卖不出去只得作废"的"多余"现象也能得以消减。

为此，平台时代也是一个"节能环保"的时代。

地球上的资源本身就是有限的，如果所有人都达到发达国家国民的生活水平，我们大概还需要几个地球。

一直以来，"大量生产、大量贩卖"被奉为企业的至上准则。但相信大家也都认识到了，这一准则与环境友好则是背道而驰的。

为此，消费者们对制造社会"多余"的企业的态度也可以说是日渐严格。这也是为什么近年来在节分（立春前一天）时便利店、超市卖剩的大量惠方卷总会引起广泛批评的一大原因。

今后，只有能消除社会多余、致力于循环模式的企业才能提升自身的社会价值、获得消费者的青睐。

虽然仅从某一企业内部出发，可能会出现"如果不大量生产，我们的规模就会缩小"等消极想法，但如果我们能将视野扩大到全社会，找到适应社会价值观变化的方法，就一定能发现新的商业机会。

至此为止，我对"何为平台"做了一番解说。

相信大家一路读来也都明白了，平台并不仅仅是一种新的商业模式。

它是一种能从根本上改变我们的社会结构与企业经营管理的新架构，且已经成为现代生活必不可少的存在。

理解平台的本质就是理解时代的变迁，且有助于我们思考"企业接下来究竟该怎么做"。

希望大家一定要认识到，无论是企业还是个人，谁都无法再说"平台跟我一点儿关系都没有"。

延伸阅读

孙正义的创业初心之搭建平台

作为日企来说十分少见的是，软银从成立之初便是一家志在搭建平台的公司。

据说孙正义决定在日本创业时，一连准备了40多个创业方案。最终，从里面选出了软件代理这一方案。

之所以选择软件代理，正是因为它是一种平台商业模式。

正如我在正文中提到的，孙正义将平台定义为"基于一定规则将卖方与买方连接起来的东西"。

而软件代理便是将软件厂商与买方连接起来的业务。软银创立之时，互联网还没有发展起来，线上交易自然也并不存在，但软件代理实际上却正是一种平台式的商业模式。

话说回来，软银的名字也算是源起平台的概念。

"SoftBank即软件的银行"，而银行则是最具代表性的平台。在银行这一"场"内聚集了很多小额账户，而这些聚集起来的钱则会在审查的基础上通过银行贷给有借款需求的人。为此，银行可以说是一个基于一定规则将资金的供给方与需求方连接起来的平台，它的这一特点正好和孙正义的企业蓝图重合了。

这里重要的一点是，孙正义并没有选择软件开发商这条路。

一旦成为软件开发商，企业就一定会面临有的产品卖得好，有的产品卖不出去的现象。由此，经营状况便难免会经历波澜起伏。如果能开发出热门软件，企业自然能赚上一笔；可如果不能，企业便连开发成本也回收不了，由此面临巨大损失。

与此相对，如果是站在批发代理这一平台运营的角度，企业便无须担心某一软件卖得好或不好。因为平台上的卖方千千万万，即使A公司的软件卖得不好，B公司、C公司卖得好对于中介来说依然能获得收益。

也就是说，不论谁胜谁败，平台都是最后能留下来的那一方。

之后，软银设立了投资基金，开始向全球各大知名平台投资。

在共享出行领域，软银不仅向Uber投资了80亿美元，还投资了中国的"滴滴出行"以及在东南亚市场称霸的"Grab"。

此外，软银还投资了印度的电子支付平台"Paytm"、起源于中国的视频分享软件"TikTok"（抖音海外版）、美国的房地产在线交易平台"OpenDoor Labs"、德国的在线导游预约平台"GetYourGuide"等众多平台。

大概孙正义已经突破了传统的平台概念，正立志打造一个"聚集了众多平台的平台银行"。

"平台"一词最近终于在日本受到了关注。由此不得不说，孙正义确实总在引领时代的发展。

将SQM落地的商业模式2——会员制

作为消除社会"超负荷、多余、不均"的一大新模式，会员制正在受到越来越多的关注。

简单说来，会员制指的是"为一定期间的使用支付相应费用的方式"，一般也可以表示"定额制"。

会员制中最具代表性的便是Netflix、Spotify与Amazon Prime。只要支付一定的费用，人们就可以分别在这三大平台上无限量地看电影、听音乐、享受免费送货上门及免费欣赏Amzon平台上的影音作品。

除上述之外，会员制还有其他各式各样的例子。比如共享时装月租平台、家具家电月租平台、包月可乐无限量供应、有机蔬菜月送等，覆盖了各大领域和业界。

很多人可能会觉得会员制是最近才诞生的商业模式，事实并非如此。例如软银提供的ADSL"Yahoo! BB"以及iPhone等手机套餐也属于会员制的范畴。

用户只要每月缴纳固定的费用就能享受网络、通话服务，这一业务模式从本质上来说与Netflix及Spotify并无二致。

一直以来，买断式的商业模式占据着主流地位，即消费者通过购买获得产品的所有权。但通过向定额制的转换，企业将能向消费者供应"体验价值"而非"所有价值"。

消费者无需再购买那些可能只会听一次的CD、可能只会穿一次的衣物，只要缴纳相应月费就能在任何时候尽情地获得"听音乐""穿衣服"的体验。由此，消费者感受到的"超负荷、多余、不均"也将得到消减。

可以说，会员制正是一种完全匹配SQM时代的商业模式。

当然，单纯地将收费模式改为会员制并不能确保成功。

最近在各行各业都出现了会员制的服务模式，整个市场由此陷入了轻微的"泡沫"状态，但其中真正能够坚持下去的供应商实际上十分有限。事实上，很多大公司新设的月费制业务线也难逃早早被撤的命运。

换句话说，如果你只是认为"只要把收费模式改为固定月费就可以了"，很可能就会面临失败。

如何打造能赢的会员制服务

想要实现能持续盈利的会员制服务，发挥出会员制的真正价值，还需要满足一些条件。

在我看来，"会员制服务能赢的条件"主要有以下三个。

（1）非贩卖单品，而是要提供立足于用户视角的解决方案

用户能感受到购买的好处往往不是因为他们可以使用某一单品。

会员制的本质在于将商品、服务、信息组合打包并提供给用户，用户由此可以感受到"这个和那个可以一起使用，方便又实惠"。

以Netflix与Spotify为例，两者为满足用户"如果电影和电视剧都能在网上看就好了""如果随时都能听到想听的音乐就好了"的需求，

分别提供了"影像作品+网络播放""音乐作品+流媒体放送"的套装服务项目。

2008年，软银开始在日本独家贩卖iPhone手机。当时的形式就是将手机与通话、数据流量套餐打包销售。

如果当时软银允许"从软银购买的手机可以搭配其他运营商的通话服务"，那可能就无法达到今日的用户体量了。

虽然最近有越来越多的人会购买二手手机并自己搭配上流量便宜的SIM卡，但这从整个日本的手机用户市场来看还是很小的一部分。正因软银将看似复杂难懂的手机通话、上网以一种便于用户理解的套餐方式呈现出来，一些翻盖机用户才开始觉得"好像还蛮简单的"，于是开始使用起软银的服务。

换句话说，会员制也是一种"通过便于用户使用、降低用户心理门槛来帮助实现用户增长的商业模式"。

此外，企业提供的套餐内容并非必须是自家产品。

虽然Netflix最近也开始自己制作电影、电视剧，但平台上大部分的影视作品还是由其他电视台、电影公司制作的。软银也是一样，软银本身并不参与iPhone的制造，而是由苹果公司供应。

什么是"能赢的"会员制服务，"能赢的"会员制服务在于把世间既有的产品完美组合，根据用户需求量身定制、实现最优。

（2）在月费制的基础上提供丰富的附加服务

虽然会员制大多指的是"为一定期间的使用支付相应费用的方式"，在实际运营中，大多公司往往会采取月费制的模式。

通过设定一定金额的月费，让用户觉得"这样的话确实很实惠"，由此获得长期续约，进而实现稳定的收益模式。

孙正义常说"收益能像牛的口水一样源源不断的商业模式是最好的"，正是如此。相比某一单一产品、服务的买断卖断，会员制可以让每一个新用户都长久地为企业带来稳定的收益，由此实现企业的高效盈利。

此外，会员制还有一个优点，即企业可以通过丰富的附加服务提高每一个用户的单价。

2001年，软银开始提供ADSL服务"Yahoo! BB"。当时的提供方式主要为"硬件租赁+通信服务"套餐，每月2 830日元。当用户数量达到一定规模后，软银便开始了附加服务的提供。比如Yahoo! BB无线局域网与IP电话套餐、电视点播服务"BBTV"等，由此成功地提升了客单价。

提供丰富的附加服务不仅可以提升客单价，还能帮助企业避免用户流失，因为优惠的附加服务能让现有用户陷入"即使想停也停不了"的状态。

Yahoo（雅虎）提供的收费会员服务"Yahoo! Premium"也是一样。最初，Yahoo规定要使用二手拍卖网站"YahooAuct"就必须注册会员，由此增加了会员数。如今，在此基础上，Yahoo提供了众多会员专享的优惠服务项目。

比如会员在"Yahoo! Shopping"（雅虎购物）这一平台上购物可以享受五倍积分、领取各式各样的优惠券以及免费阅读杂志、漫画等，由此让用户觉得"这么合算的话确实没必要专门去解约了"。

事实上，Yahoo！Premium的会费其实是分阶段上涨了的。2001年提供服务之初，Yahoo！Premium的会费含税价格为每月294日元。之后逐渐涨为每月346日元、399日元，到了2019年6月，不含税价格已经达到了每月462日元，算上消费税近乎每月500日元。

如今，Yahoo的会员人数还在不断增加，2018年6月末达到2 043万人，不考虑其他因素，相当于每月有100亿日元的营收。（软银手机用户可以免费使用Yahoo服务）

所以，只要能提供一定的服务价值，让用户觉得"停用的话就亏了"，就能实现持续的规模扩大。因为好的附加服务不仅能防止用户流失，还能提高用户的消费单价。

需要补充的是，企业并不需要在项目初期就考虑附加服务的事，完全可以等用户人数达到一定规模后再来制定相关战略。

当然，从一开始就准备了各种各样的附加服务也不是坏事，只不过大多企业在服务创立初期可能都没有余力。关于"在月费制的基础上提供丰富的附加服务"，大家可以认为是会员制进入规模扩张期才需要的条件。

（3）拥有用户 ID 和支付信息

对于会员制的商业模式来说，拥有会员的ID与支付信息也是其一大强项。这与上述第2个条件密切相关。

用户要注册成为会员，就必须输入与个人信息相关的ID及支付信息。正因如此，服务提供方才得以降低获取新用户的成本。

在买断单品的商业模式中，企业为了获取新用户往往需要付出巨大的成本代价。但在会员制模式中，企业一旦获得了用户的ID及支付信息，防止用户流失就变得容易了许多。

因为注册手续均已完成，即使被介绍新的附加服务或月费上涨，大多用户也只会觉得"专门换一家还得从注册重新开始，太麻烦了，就这样吧"，因而很容易地就接受了新服务。这便是陷入了刚才我们提到的"即使想停也停不了"的状态。

以Amazon为例，其最初只是一个图书交易平台。

突然有一天，Amazon Premium登场了，"只要加上这项服务，所有的东西都可以免运费且能在第二天送达"。

用户们心想，"反正都是要在这上面买东西的，免运费的话真是赚到了"，于是便纷纷注册成为Prime会员。紧接着，Amazon又推出了其他附加服务，"我们将提供'Premium Video'，只有Prime会员能在这上面免费观看影视节目""我们将提供'Premium Music'，只有Prime会员能在这上面免费听音乐"。

■ 会员制小结

如何打造能赢的会员制服务

❶ 非贩卖单品，而是要提供立足于用户视角的解决方案

❷ 在月费制的基础上提供丰富的附加服务

❸ 拥有用户ID和支付信息

> **会员制带来的经营变革**
>
> ❶ 产品生产过程中的"超负荷、多余、不均"得以减轻
>
> ❷ 用户得以更容易地导入新科技
>
> ❸ 用户得以规避风险

对于用户来说，最初可能只是为了买书而注册了自己的ID与支付信息，而反应过来的时候已经在Amazon提供的平台上看起了视频节目、听起了音乐。且事到如今，会员们已不会再考虑为次日配送、指定时间配送另外支付费用。由于怕麻烦，大家也不会考虑停止订阅、重新注册其他影音平台的账号。就这样一直做Prime会员不挺好的嘛——大家心想着。

通过不断地避免用户流失，Amazon得以凭借其收费订阅模式成为今日的电商巨头。

只要附加服务提供的新价值高于"切换"平台的成本，用户们就会长久地使用下去。

如今，Amazon Prime的年费已经达到了4 900日元。

在2019年4月，这一费用由3 900日元一次性上涨了1 000日元。而Amazon之所以能如此"自信"地涨价，正是因为它在会员制模式下已掌握了极大规模的用户ID与支付信息。

目前备受关注的会员制案例

写到这里，我已经为大家介绍了Amazon与软银这两大案例。然而

和平台一样，会员制服务的供应商并不受规模、知名度、行业的限制。

只要能从用户视角出发，将用户所需的商品、服务以及信息组合起来，以套餐、解决方案的形式为用户提供价值，会员制的商业模式就成立了。且即使目标市场十分狭小，只要能符合用户需求，就能实现持续收费。

接下来，我将为大家介绍几个我个人比较关注的会员制案例。

■ 以月租形式提供料理机器人的服务

在劳动力短缺的日本餐饮行业，人们对"料理机器人"的需求、关注正在不断升温。然而对于一般餐馆来说，导入"料理机器人"所需的高昂成本总是让人望而却步。为解决这一问题，Connected Robotics开始以每月租金20万日元的形式开启了料理机器人租赁服务。这让许多困扰于人手不足的店铺得到了帮助。

资料来源：Connected Robotics 官方主页

Connected Robotics（烹饪机器人系统研发商）是一家以月费形式提供机器人租赁服务的初创企业。

该公司于2014年成立，在"让所有人能和机器人一起实现快乐富足的未来"的企业愿景下，将一直以来活跃于工厂的机器人带到了人们的日常生活之中。

如今，公司主要面向餐饮行业提供"章鱼小丸子制作机器人"与"自动冰激凌机"的月费制租赁服务。对于众多人手紧缺的日本餐饮店来说，这样一种服务的诞生解决了他们的燃眉之急。

虽然类似"章鱼小丸子制作机器人"的料理机器早已存在，但Connected Robotics通过AI的导入，使得相机能够准确地判别烤制中的每一个章鱼小丸子的成色。由于机器清楚地知道哪一个需要在什么时候翻面，完全避免了烤煳的现象。

而关于自动冰激凌机，顾客只要通过手机输入想要的冰激凌的大小，机器就能自动地完成制作、递给顾客。由此，即使无须人工也能完成商品的提供。

在这一案例中，机器人的性能固然十分重要，但同时值得注意的是，Connected Robotics是以每月租金20万日元的形式将机器租给餐饮店的。

由于机器人的购买成本十分高昂，"购买"这一选项对于资金不充裕的餐饮店来说实际上十分困难。而通过包括维修费在内的月租套餐，一般餐饮店的导入门槛得以大大降低。

而对于Connected Robotics来说，只要能不断增加业务、扩大用户规模，之后便能实现每月稳定的成本回收。

最近，Connected Robotics也开始向Airbnb等民宿提供租赁服务。据说他们也希望在今后能将目标群体扩大到个人。

■ 按月付费的个人图书馆

根据儿童的成长情况精选全球绘本邮寄上门的月费制绘本租借服务。为1至7岁的学龄前儿童分别设计了绘本套餐，用户每月只需支付1 290日元（包括运费）就可享受绘本的租借服务。所有的绘本都由专业人士精心挑选，为父母们减轻了选书、购买负担。

资料来源：World Library Personal 官方主页

SQM思考法则
跟孙正义学商业创新

"World Library Personal"是一家能为不同年龄段的学龄前儿童挑选绘本、邮寄上门的月费制服务平台。

该平台为1至7岁的学龄前儿童分别设计了绘本套餐，包括运费在内，用户每月只需支付1 290日元就可享受绘本的租借服务。用户注册会员时需要登录信用卡信息，由此也避免了今后烦琐的支付手续。

由于平台挑选的绘本均为海外作家绘本，孩子们可以借此从小就接触到异国文化、体验到文化的多样性。从平台上具体可选的绘本来看，绘本国家覆盖了美国、欧洲、南美、南非、印度、东南亚等广大区域。

一直以来，为了选出符合孩子年龄、认知程度的绘本，父母们每次都要从市场上有哪些绘本查起，一本一本地挑选、购买，十分耗费精力。而且对于大多缺乏学前儿童教育背景的父母来说，他们很难判断出什么样的绘本才是适合自家孩子的。

从这一角度上来说，"World Library Personal"平台相当于代替父母完成了这部分任务。选出最适合孩子的绘本并以套餐形式提供给用户，这在一定程度上大大减轻了作为用户的父母们的挑选负担。

由于我本人目前也在从事教育行业相关的工作，个人认为这一订阅模式非常有意义，也将继续关注下去。

■ 精品家具的月租服务

资料来源：Subsclife 官方主页

每月最低花费500日元就可以租用精品家具的会员制服务。

租用时间可在3个月至24个月之间任意选择，中途可以延期。此外，对于使用过后觉得十分喜欢的家具，用户还能直接转为购买。

由于归还时的上门回收服务也包括在套餐内（单独收费），用户完全不用担心大件家具的处理问题。而且，如果是因自然灾害或者不小心发生的家具损坏，运营公司也将承担全部费用，免费为用户更换家具。

也就是说，在这一商业模式下，"家具+配送+回收+补偿"四合一提供，且配有众多附加服务可供选择，充分扩大了用户利益。

很多人大概都会有这样的困境，"虽然需要家具，但也不知道自己会用多久"。

比如，对于因升学、工作开始独居生活的人来说，最开始很难判断出自己到底需要什么样的家具。或者，虽然目前是夫妇二人生活，今后随着孩子的出生可能也会需要新的家具。除此之外，也还有很多人是单纯地觉得"家具这东西还是比较贵的，最好能先试用一下再购买"。

对于拥有以上需求的消费者，Subsclife可以说是一个完美的月费制家具租赁服务套餐。

■　每月 4 万日元住遍日本国内所有空置房源

资料来源：ADDress 官方主页

通过缴纳月费便可在日本国内所有的空置房源、休闲别墅无限居住的会员制服务。

每月费用40 000日元起，即可自由选择平台上的登录房源居住。

如果多位用户同时选择了某一处房源，大家将共享居住空间，此时便类似于"Sharing House"的月费制服务。

至2019年7月末，平台登录房源已覆盖日本东京都、千叶县、群马县、福井县、德岛县、山梨县等17个据点，今后也将继续扩张到日本其他区域。

目前，平台用户主要为"居无定所"、自由自在选择各处居住的年轻人。不论是用户人数还是登录房源都在不断地增长。由于各房源毛巾、香皂等洗漱用品及家具、家电一应俱全，用户完成预约后即可马上前往，再少的行李也能享受舒适的居住体验，通过"居住+生活必需品"的打包提供，ADDress可以说是将"无须占有的生活"发挥到了极致。

此外，在保证卧室为私人空间的基础上，用户可以在公共空间和其他住客、当地居民进行交流，由此获得珍贵的当地体验。这也是ADDress为用户提供的另一价值。从这个角度来说，ADDress所提供的会员制服务充分体现了"从占有价值到体验价值"的时代变迁。

进一步，ADDress作为会员制服务的同时，也成了解决日本全国面临的"空置房源多余"这一社会问题的有效手段。

许多地方政府对这一商业模式也十分关注，比如日本滋贺县大津市就宣布和ADDress合作，将琵琶湖沿岸空闲的企业疗养设施提供给ADDress作为房源。

这样看来，ADDress其实也是一个将"想要租出空置房源的人"与"想要租赁空置房源的人"连接起来的平台。

除了地方政府，ADDress还与ANA（全日空航空公司）开展了合作，比如在日本国内提供限时的飞机票、住宿套餐。

对于会在日本国内各地居住的人来说，交通手段自然也是必须的条件。为此，"居住+出行"的套餐将能进一步满足用户需求。

由于ADDress这一商业模式与振兴地方经济也密切相关，许多天使投资人也都争相出资。这在一定程度上也证明了ADDress的市场潜力。

餐饮行业采取会员制的战略

在上文中，我总结了打造出"能赢的"会员制服务所需的三个条件。但是，还有一些会员制服务并不符合上述任何一个条件。

其中，最具代表性的就是餐饮行业的咖啡自助、拉面自助。

由于每家餐馆都只提供自家的菜品，并不存在什么能覆盖多家餐馆的自助套餐。此外，由于各餐馆并非实行网络支付，获取顾客ID与支付信息自然也十分困难。

况且从根本上来说，饮食店在自助餐模式下，顾客的利用频率越高，食材的成本就越高。由此，在月销售额不变的情况下，成本的增加只会同比例地降低餐馆盈利。

相比之下，影像、音乐等数码资源的成本并不会随会员人数的增加而发生任何改变。不管看某部电视剧的是1位用户还是10 000位用户，平台运营商供应资源的成本都不会发生任何变化，由此便能实现高收益。

虽然餐馆也能通过大量批发降低食材的进价，但进价再低也总是有个下限。这便是餐饮行业面临的一大难题。

当然，我并不是说餐饮行业就应停止会员制的商业模式。

只要能营造出"吃到就是赚到"的氛围，这一模式便能为身处激烈竞争中的餐馆吸引新的食客。而这些食客中只要有一定比例能成为回头客，餐馆即使收益率再低也能保证稳定的增收。

最重要的是，如果要采取会员制，就应同时制定出能确保利润的战略。

餐饮行业如果要进军订阅市场，大概可以考虑"多合一套餐""附加服务"这两种战略。

（1）战略一　餐饮行业的多合一化

案例　吉野家与 Hanamaru 餐厅的"通用定期券"

2019年4月1日至5月6日期间，吉野家与Hanamaru餐厅合作提供了这一限时优惠活动。

消费者只需购买一张300日元的定期券，优惠期间内每次在吉野家用餐都可以减免80日元。与此同时，在Hanamaru点天妇罗也可以减免100日元，定期券在优惠期间内可以无限重复使用。

这便是"从用户视角出发的会员制套餐服务"。

为什么这么说？因为这一模式下，定期券同时覆盖了牛肉饭与乌冬面两个细分市场，菜单本身也不作限制，用户可以随心所欲地挑选自己喜欢的食物。

牛肉饭和乌冬面两者都属于"方便、好吃又容易填饱肚子"的食品，所以可以想象吉野家与Hanamaru的食客可能是高度重合的。对于本身就经常去这两家餐馆吃饭的消费者来说，上述可以无限重复使用的定期券正可谓是"方便又实惠"。

而对于餐馆来说，用户到店用餐频率增加带来的成本增加也可以很好地被分散。同时，多家餐馆的联合优惠也可以有效地避免食客只涌向其中某一家的问题。

由于这一优惠活动只进行了几天，可以认为是上述两家餐饮品牌的市场测试——验证这样的模式是否能实现盈利。对于餐饮店来说，如果要导入会员制，与其他店铺合作或许是一个有效的战略。

（2）战略二　餐饮行业的附加菜单战略

案例　coffee mafia

coffee mafia采用包月无限饮用咖啡的会员制服务。

月费套餐分为3 000日元、4 800日元、6 500日元三档，目前只在东京有三家分店（6 500日元套餐只在东京银座店提供）。

据说在开业后不久，coffee mafia就获得了很高的人气。由于顾客的消费频率远超预期，造成的成本高涨使得各店铺长期处于赤字状态。

为了解决这一问题，coffee mafia开始提供甜甜圈等附加菜单。对于前来消费咖啡的顾客，店员们会非常积极地推销甜甜圈，由此越来越多的顾客总是会"顺便"就买了甜甜圈。这一策略成功地提高了coffee mafia的收益率。

同时，在东京饭田桥分店，coffee mafia还开始提供便当、咖喱等外带菜单，月费会员在购买时可以享受200日元减免的优惠服务。通过这一策略，coffee mafia成功地激起了消费者的购买欲——"这么实惠的话那就顺便把便当也买了吧"。

此外，设计了不同价位的月费套餐，月费越高能享受的附加服务也就越丰富这一策略也十分巧妙。

比如，相比月费3 000日元的会员只能享受"速溶咖啡"的无限量提供，月费6 500日元的会员可以在此基础上选择精选咖啡豆研磨的特制咖啡与沙冰。

由此，很多最初选择了3 000日元月费套餐的顾客也会因为偶尔想要尝试一下别的饮品就升级套餐——有的会选择上升一档，也有的会直接选择最高6 500日元的套餐。

像这样，如果能通过设计附加菜单成功地提升客单价，收益率也会随之上升，品牌今后的稳定收益也更容易实现。

会员制带来的经营变革

如同应对平台带来的变革一样，随着会员制商业模式的不断普及，企业将需要顺应时代变化，对自身的经营管理模式进行调整。

（1）产品生产过程中的"超负荷、多余、不均"得以减轻

在会员制模式下，企业可以对用户的数量有更精准的预测，进而使按需生产成为可能。库存过剩与废弃带来的成本流失都将减少，企业将能提供更低价、更高质量的产品。

当然，单个用户的利用频率总是存在一定的波动。但通过一定时期的数据积累，企业的预测也将更加精准。

对于企业来说，稳定的运营将有利于整体效率的提升与成本的消减。从这一点来说，能实现生产至供给过程均一化的会员制模式将更有利于企业进行品质管理。

（2）用户得以更容易地导入新科技

对于企业来说，即使研发出了新技术，认为"这款产品对用户来说十分便利"随之发售，等待它们的事实往往是难以渗透用户市场。

究其原因，用户接受新产品时总是存在成本、知识方面的壁垒。

具体而言，新技术、新服务最初面世时，发售单价往往居高不下。且因一直以来市场上都没有相类似的产品、服务，一般消费者在最开始时总是很难理解产品模式及使用方法。

由此，大家才会觉得，"又贵又不知道有什么用，还是不买了。"

但是，只要我们能将必要功能打包为某一会员制套餐服务——任何消费者都能在小额的支出下轻松地使用，他们的心理消费壁垒就会大大下降。

在前文iPhone的案例中我也有提到，如果软银在最开始贩售时选择"软银只销售手机，通话服务请与其他运营商签约"，一直以来只用翻盖机的消费者一定就会觉得"好像很复杂，算了算了，不买了"。

相反，正因软银以"手机+通话"套餐的形式提供，消费者只需每月缴纳优惠的套餐费用就可以轻松使用，iPhone才得以在日本一下子普及开来。

在这之前，软银也提供过月费制的卫星电视服务套餐"Club iT"。当时SKY PerfecTV!这一卫星电视服务刚在日本兴起，软银则相对应地提供了"电视机调谐器+天线+收视费"的服务套餐"Club iT"。

对于当时只看过地面数字电视的消费者来说，卫星电视及多频道的数字电视完全是"搞不明白的新技术"。而且要使用这些服务还得请人来家里安装，总体来说并不方便。

正是着眼于这一消费者痛点，孙正义开始将"电视机调谐器+天线+收视费"打包提供，宣传"只要签约马上就能看各种各样的电视节目"。

毫无疑问，这一会员制套餐模式大大降低了用户的使用壁垒。

所以说，越是在新技术、新服务面世的时候，会员制商业模式越能成为用户增长的重要策略。

（3）用户得以规避风险

站在用户角度来看上述第（2）点，我们还可以得出，会员制将有利于用户进行风险规避。

因为在月费制的情况下，"试用一两个月，如果不合适就不用了"成为可能。

在买断式的消费模式下，消费者在购买后即使觉得没有得到想象中的益处、用起来很不方便，因为买都买了只能接着用下去，或是以某种方式处理掉。为此，即使没有获得价格所相对应的价值，消费者也只能独自承担相应成本损失。

而在会员制模式下，上述问题便可以轻松避免。与此同时，消费者还能不断体验各式各样的商品与服务。换句话说，如果企业不能在试用期内让消费者感受到产品、服务的价值，他们便不会继续订阅。

为此，在运用会员制消费模式时，产品、服务的设计要基于用户视角这一点至关重要。

将SQM落地的商业模式3——定制化

定制化指的是，根据每一位消费者的需求为其单独提供高附加价值的服务。

不同于一直以来面向消费者统一提供某一型号、样式的服务与内容，定制化服务将根据每一位用户的个人属性、行为、喜好、生活方式，为其提供最为优化的服务。

私人教练服务RIZAP就是其中一个典型的案例。

在RIZAP，教练将根据每一位顾客的目标、年龄、体能的不同设计不同的训练内容，在此基础上为顾客提供一对一的私教服务。相比于一直以来用户在健身房统一使用同一器械、选择同一训练内容的模式，私教服务通过迎合个人需求实现了服务的优化。

我自己的公司所提供的英语教学项目"TORAIZ"也是一样——为学习者提供的是定制化的教学服务。

"希望能用英语在会议上和外国客户进行讨论""希望能招待外国客人""希望能在国外的学术会议上用英语发言"，像这样，我们会根据每一位学习者不同的目的及学习环境为其提供不同的教学服务。当然，针对每一位学习者的教材、课程内容也都各不相同。

相比一直以来按统一课程标准、教材进行统一授课的模式，我们通过定制过程实现了教学优化。

迈向服务迎合用户的时代

一直以来，市场中的买方只能从卖方提供的产品、服务中选择相对最符合自身需求的内容。即使很多消费者会觉得"这个产品这里如果能这样就好了"，他们最终还是会因为选项中没有符合自身条件的内容而被迫妥协。

但这样一来，消费者最终还是会在某一时刻感到不满，开始想"肯定还有别的更合适的"，于是就不停地尝试新的产品、服务。但最终，大多消费者还是会因为市场上没有能完全符合自身预期的产品、服务而放弃。

花了时间、砸了钱，结果也没能找到想要的产品和服务。相信很多人都有过这样的体验。

■ **服务迎合用户的时代**

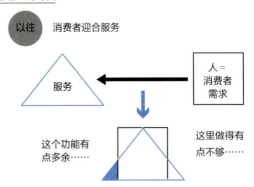

如今　服务需要迎合消费者

定制化

以往即消费者迎合服务

服务
A、B、C

想要完全符合我需求的服务

这么合适的话价格多高都没事

但有了定制化服务后，服务迎合用户便成为可能。

由于服务本身是为自身量身打造、全世界唯一，消费者再也不用花费不必要的时间、成本便能满足自身需求。

为此，社会的"超负荷、多余、不均"也得以减轻。

定制化：从网络世界到现实世界

"定制化"这一思维方式实际上来源于网络。

在互联网时代，各大平台会基于用户的检索记录与购买记录为其推送相关广告与内容。

从互联网上浩瀚的信息海洋中选取相关信息、根据不同主体进行分类汇总的资讯平台也是定制化商业模式的一大应用。

以经济类资讯平台NewsPicks为例，用户只要输入自己感兴趣的话题关键字、作者，平台就会源源不断地为其推送相关内容。

正是这样一个在网络时代发展起来的商业模式，如今也开始在现实世界登场——如同RIZAP（定制私人健身服务）和TORAIZ（定制英语教学服务）。

接下来，我将为大家介绍几个案例。

◎ KASHIYAMA the Smart Tailor

■ 3万日元＆一周时间 你也可以享有西装定制

3万日元就可以享受的高档西装定制服务。从下单到收货只需一周。颠覆常识的低价与交货期。其背后的Onward集团也提出了"2020年销售额突破100亿日元"的目标。

资料来源：KASHIYAMA the Smart Tailor 官方主页

"KASHIYAMA the Smart Tailor"是由日本大型服装集团Onward于2017年推出的服务。

只需30 000日元，顾客就可以享受到高品质的西装定制服务。定制所需时长最短一周。

根据每一位顾客的体型、尺寸为其量身打造一套西装算得上是一个非常经典的定制服务。但在这一服务模式下，裁缝每次都需要从最初的打版做起，不仅是工序烦琐，所需的人工费也极高。

这也是为什么定制西装的价格总是让人望而却步，一般消费者不得不从量产的西装中选出最适合自己的那一套。

为了解决这一问题，"KASHIYAMA the Smart Tailor"彻底提高了从下单到生产这一过程的效率。通过相关系统的开发，顾客只需要在离自己最近的分店测量尺寸，相关信息就会自动转为CAD数据发送至中国的直营工厂。在这之前，店员需要通过纸质文件或者传真的形式与工厂进行沟通，光是下单环节就需要好多天。而现在，这部分的时间得到了极大的缩短。

此外，KASHIYAMA the Smart Tailor还提升了物流效率，通过独家技术实现了西装的真空包装。借此，中国工厂得以直接向顾客发货，验收次数及运费大幅下降，物流所需的时间与成本也因此大幅节约。

正是通过上述努力与创新，KASHIYAMA the Smart Tailor才得以实现"3万日元起、最短一周"的惊人低价与交货期。

如今，KASHIYAMA the Smart Tailor获得了日本30～40岁年龄层商务人士的追捧。在2019年2月，也就是服务开始后的一年半内就实现了37亿日元的销售额。作为西装定制的新形式，KASHIYAMA the Smart Tailor正在不断普及。

◎ Smart Mirror

Smart Mirror（数字化咨询镜）是一项如今在美容行业、家电行业都进展十分迅猛的新技术。

通过感应器与相机拍摄的影像对皮肤肌理进行分析，各美妆品牌可在此基础上为顾客推荐最适合该顾客的护肤、美妆用品。顾客只需坐在摄像头前，其皮肤状态及内部肌理马上就能被机器识别。

2017年7月，东京GINZA SIX的资生堂柜台就导入了这样一种Smart Mirror。

通过触屏操作，镜面上就会出现顾客的皮肤检测结果与相应的推荐产品。只要用手机扫一扫二维码，顾客就可以将相关数据下载、保存。

在这之前，消费者只能根据自身喜好及经验，或是依靠柜员推荐来选择化妆品。但是，自身的判断往往缺乏客观性，而柜台咨询获得的信息又都良莠不齐——消费者实际上很难了解什么样的护肤品、化妆品才是适合自己的。

通过导入Smart Mirror，AI、IoT、数据解析等新科技得以被充分利用，每位顾客可以借此获取最适合自己、最准确的信息。

日本国内的话，目前主要是松下公司正在积极从事相关研发。与此同时，海外厂商也已经开始向个人提供家用版的Smart Mirror。可以说，定制化正在整个美妆行业不断渗透。

定制化服务需要技术的支撑

由上述两个案例可知，定制化不断普及的背后其实是技术进步的支撑。

IT与AI的进步让企业能更容易地获得、分析每一位顾客的详细信息，相关系统的导入让生产、物流的效率得以大幅提升，进而，企业得以在顾客产生需求的任何时候为其提供最合适的产品与服务。

伴随着供应方的变化，消费者的需求也开始变得"奢侈"。

由于科技进步让"更便宜、更快、更便捷"变得理所当然，之前那些有钱人专属的产品与服务也在不断下沉。

这样一来，消费者便不会再满足于以往"对所有人提供统一服务"的模式。由此，企业也进入了如果无法提供"独一无二的定制服务"就无法生存的时代。

上述趋势已无关行业，正如刚才介绍的时尚、美妆行业等看似无关于科技的行业案例一般，如果不能依靠技术实力提供高附加价值的服务，任何领域的任何企业都无法获得消费者的青睐。

时装电商平台ZOZOTOWN推出的"ZOZOSUIT"也正是上述论点的证明，可以说没有数字化技术的支撑就没有"ZOZOSUIT"——用户只需穿上测量专用的服装拍一张照，自身所有的尺寸信息马上就能准确地被测量出来，在此基础上便可轻松下单定制西装。虽然大家都说ZOZOSUIT经常会遇到质量不好、送货延迟的情况，但从服务方向上来说还是值得肯定的。

据说ZOZOSUIT在今后会通过积累的用户数据提供自动估算尺寸的功能——用户只需输入身高、体重、年龄、性别等信息即可。

TORAIZ也是一样，我们开发了自己的聊天软件，学生和老师的网课、咨询的通话记录都会留存下来，通过内部信息共享，对学生提供的服务也得以进一步优化。

所以说，无论在哪种行业中，根据每一位用户的需求提供定制服务时，技术支撑都不可或缺。

说得再严重一些，对于从事实业的企业来说，如果不尽早导入IT、数字化内容以推进定制化服务，一直以来积累起来的业务根基也难以维持。

读到这里，希望各位能直面现实——我们正处在时代巨变的转折点上。

利用SQM打造能赢的商业模式的三大要点

全书到这里，我对为什么我们需要SQM的思维方式、SQM具体商业模式的关键词进行了说明。

基于以上说明，接下来我将为大家整理一下，在当今这个时代利用SQM思维方式开拓事业版图的三大要点。

要点1　SQM不是否定过去，而是转换视角

在前文中我也提到了，用SQM的方式创造出新的商业模式并不是要抛弃过去的经验、技术。

"SQM"与"TQM"的区别仅仅只是着眼点的不同。

两者并非完全无关，可以说是存在于同一延长线上。

SQM只是通过IT将一直以来运用于工厂内部的"看板"推广到了全社会。

为此，两者的区别仅仅在于质量管理的范围发生了变化，目标并

没有改变。

TQM在于消除公司内部及工厂的"超负荷、多余、不均"、提升整体效率，将必要的产品与服务以"准时制"的方式提供给需要它们的对象与场所，进而实现劳动力、机器设备的高利用率。

只要将这一日本企业擅长的"全面质量管理"转换为"这样一种消除'超负荷、多余、不均'的想法是否能应用到全社会呢"的思考即可。

想一想，"怎么做才能将分散在全社会的劳动力、物、信息以'准时制'的方式提供给需要它们的对象与场所，进而提高全社会的利用率呢?"

无论什么行业、职业，哪怕是制造业的厂商，只要能转换一下视角，相信立马就会有新的想法诞生。

在此基础上结合日本企业一直以来积累的提升效率、合理性的经验与洞见，就一定能创造出振奋人心的新事业。

再次，SQM并不是在否定过去的成绩与商业模式。

相反，只要能将其与日本企业既有的强项结合起来、在当今时代特点下充分利用，它便是能帮助企业进一步提升自身实力的利器。

要点2　基于现有业务进行创新

对于初创企业来说，如果要思考新业务，完全可以从零开始大胆想象、毫无限制。

但对于有一定业务根基的普通企业来说，寻找现有业务相关领域中的"超负荷、多余、不均"则更为现实。

比如，汽车厂商可以思考"全世界汽车行业中的'超负荷、多余、不均'"，食品厂商可以思考"全世界食品行业中的'超负荷、多余、不均'"，而教育行业的经营者则可以思考"全世界教育行业中的'超负荷、多余、不均'"。在这些平时因业务需求更受关注、更有经验的领域中，大家也更能发现其中问题。并且，实际着手时既有的经验与洞见也更容易得到充分发挥。

当然，在将想法落实到具体商业计划的过程中，向周围辐射也毫无问题。此时，辐射部分的内容与现有业务一定会有一定程度上的相关，现有业务的经验自然也就能派上用场。

要点3　一切都应以用户的需求为中心

这一点看似与第2点矛盾，但是十分重要。

在寻找社会中的"超负荷、多余、不均"时，从既有业务出发自然没有问题。

但到了思考如何解决相应"超负荷、多余、不均"的阶段，就一定要避免基于既有产品展开的思维方式。

此时，一切都应以需求为中心。

也就是说，应该站在用户的角度思考问题。

比如，汽车行业的人可能会注意到，"这世界上有许多未处在使用状态中的'多余'车辆"。首先，这一点发现可以说十分准确。

但是，如果在思考如何才能消除这种多余时得出的结论只是"让买了我们车的客户都注册登记，搭建一个可以将他们的空闲车辆租出去的商业模式"，这便算不上SQM。

当我们站在用户的角度思考这一问题便会发现，用户希望的只是"在必要的时候能有人把必要的车辆借给我"，这车是A厂商、B厂商还是C厂商生产的对用户来说完全不重要。相反，限制车辆厂商只会让用户能借到的车辆数减少、能借用的时间与地点受限，进而大大降低服务整体的便捷性。

换句话说，如果我们只基于自家的产品与服务思考，用户所获得的利益就会大大减少。

而用户并不会专程去利用那些对他们来说不便的服务，最后的结果便是"这样的话还不如去附近普通的租车店"。

所以重要的一点是，不要局限于自家产品、服务，而是要思考，对用户来说什么才是最重要的。虽然从短期来看，这样一种跳出"自家"框架的思维方式并不能为公司带来任何利益，但是，只要有用户选择了相应服务，"能赢的商业模式"便诞生了。

对于用户来说，租车选项更多自然也就更方便。如果是这样的话，那就应该直奔最优方案，即"如何才能实现一个让用户能租到所有厂商的汽车的商业模式"。

再进一步思考，"如果用户需求在于保障实时的出行手段，那除了汽车租赁，如果我们能提供一个囊括汽车租赁、公交车票、自行车租赁的套餐服务，对于用户来说将更加方便"。

除此之外，说不定我们还能想到，"因为海外游客会经常搭乘长途大巴，我们是不是可以提供一个不限次数的会员制乘车服务呢——游客们只要交一定数额的费用就可以在一定期间内不限次数地换乘长途大巴"。

想到这一阶段，其实我们已经超出了"汽车"这一范畴。但即使如此，这一想法也有很高的商业化价值。

在芬兰就出现了这样一种商业模式——Whim。只需下载一个手机应用，用户就可以利用包括私家车、自行车、出租车、公交车、地铁在内的所有交通工具。据说在芬兰的首都赫尔辛基，每6个人里就有1个人下载了Whim，其已然成为人们日常出行不可或缺的一大服务。

■ 用一个 App 自由换乘所有交通工具

资料来源：Whim 官方主页

如果站在用户视角，大家一定会觉得"如果日本也有这样一种服务就好了"。

然而，一旦站在企业员工的视角，大家就开始为自己划圈——"必须要让用户用我们的车"。但是要知道，基于这样一种想法诞生的服务必然会与用户需求背道而驰。

"不局限于自家产品"，可以称得上是SQM的基本法则。

我在前文中为大家介绍的"平台""会员制""定制化"三大商业模式都是立足于用户视角的商业模式。

实时交易用户所需的物品，将不同的产品、服务打包提供，根据每位用户的需求提供最佳服务——这些一旦混入了"企业视角"，它们就无法成为真正的"平台""会员制""定制化服务"。

以丰田汽车为例，其虽在日本国内启动了定额制的汽车换乘服务，但可惜的是对象车型只限于丰田自己的雷克萨斯与普锐斯。如果能站在用户视角思考，此时问世的就应该是"能换开所有厂商车辆"的服务。

对于丰田来说，他们可能会想，"这相当于让我们的客户有机会去开别人的车，这怎么行"。但要知道，如果用户因为车型限定不使用这项服务，所有的努力都是白费。相反，如果丰田能和竞争对手携手提供这项服务，用户利益得到最大化，使用这一共享汽车服务的人里说不定就会有人认为，"丰田的车这么好开的话就买一辆好了"。

这也是为什么之后我们马上就看到了马自达、铃木、大发等五家日本汽车厂商纷纷出资MONET Technologies的新闻（MONET Technologies是一家由丰田与软银共同成立的合资公司，在上述五家公司宣布投资之前，本田与日野汽车均已宣布将为其出资）。

MONET Technologies于2018年9月成立，旨在构建新的出行服务。关于其背后的两家主要出资公司——丰田提供用于收集车辆信息的基础设施，软银提供IoT平台。

相比于海外共享出行、自动驾驶技术的迅猛发展，相对后人一步的日本汽车行业所面临的危机正日渐严峻。在这样的关头下，我们更是要跳脱出对自家产品的执念。

无论什么行业，"自家"的界限正在不断消失。

在今后的时代里，基于用户视角的商业模式最终将能为各公司的"自家利益"做出贡献。

话说回来，"不应以自家产品视角思考问题，而是要站在用户视角"实际上也没有听起来那么简单。

对于那些现有业务根基扎实的大型日企来说更是如此。因为对于他们来说，"即使知道消费者视角也很重要，但确实需要保护公司和自己的产品""用户是很重要，但公司内部情况、竞争关系这些也不得不考虑在内"。

在这里，我能给大家的建议就是，"想一想如果你是孙正义"。

你可能会觉得我在胡言乱语，但是，如果要想跳出既有思维框架、从零思考，这样的"换位思考"法实际上是最有效的。

我自己也会经常这样"换位思考"——"如果我是孙正义的话，我会怎么做？"

这样一来，我脑海里那些"肯定没有更好的方案了""这种做法肯定不行吧"一下子就切换成了新的想法。

"如何和现有业务结合起来固然重要，但如果是孙正义的话，要做什么新项目一定不会在意这点""确实存在风险，可能不这么做比较好，但如果是孙正义的话，他一定会直面挑战"，像这样，"换位思考"总能让我的那些固有观念一下就烟消云散。

为此，在本书的第2章，我希望大家能"重设"自己的大脑，一起试着变成"孙正义的大脑"。

在实践SQM时，思维方式的调整必不可少。如果我们能不断切换思维方式，各种商业想法也定会如泉水般喷涌。

日本的商务人士在知识、技能方面都已经足够卓越，接下来就只需要思维方式的切换。

那么，在接下来的一章里，我将为大家介绍一下拥有孙正义般思维方式需要知道的"7个商业新常识"。

第 2 章

孙正义的 7 个
商业新常识

随着时代的进步，消费者的价值观与行为模式也随之发生改变。

一直以来被认为是常识的内容可能会成为非常识、而非常识也会成为新常识。这样一种范式转换正在世界各地发生着。

为此、作为产品、服务供应方的企业以及企业员工只有切换自己的思维方式才能为用户提供能让他们满足的价值。

话虽如此、要转换一直以来的思维方式并非易事。尤其是对于那些大型传统日企以及产业相对成熟的从业者来说、他们很难有契机去打破自身深入骨髓的既有观念。

此时、我衷心希望大家能试试这样一个方法，"想一想如果我是孙正义"。

孙正义的经营管理理念一直被认为是"打破常识"的、至少总是与日企的常识背道而驰。

但那是因为、孙正义自创业初始就遵从基于 SQM 思维方式的行为准则。这才使得他总能引领时代浪潮——他早年的那些商业判断在今日终于得以证实、被认可。

在今后的时代中、孙正义的常识将成为"商业新常识"。

在本章中、我将对此进行详细介绍。

也请大家跟着转变一下思维方式、切换为"孙正义的大脑"。

正如我在第1章中提到过，随着社会迈向SQM的时代，消费者的价值观以及企业需要拥有的经营管理方式都发生了很大的变化。

一直以来被认为是理所当然的商业常识将不再适用。

要想在今后的时代中打造出"赢得了的生意"，我们就必须将旧常识转换为新常识。

在日本，大概只有一个人从几十年前就开始按照这样一种脱离常识的方式经营自己的公司。

没错，他就是软银集团的孙正义社长。

20世纪80年代创业初期便志在打造平台、跳脱"自家"框架，不断地推出着眼于全社会"超负荷、多余、不均"的新服务——孙正义的这一经营管理模式正可谓是SQM时代的先驱。

在整个日本社会深陷低速泥潭、痛失30年成长的过程中，软银得以披荆斩棘、一路壮大也正是因为孙正义践行了这样一种打破常识的、新的思维方式与行动方式。

要想跳脱出那些在不知不觉中将我们禁锢的旧常识、切换思维方式，没有比孙正义更好的榜样了。

为此，我将在下文中为大家介绍"孙正义的常识即SQM时代的商业新常识"。

如果孙正义这些一直以来被认为是"违背常识"的思维、行动方式无法被其他企业、个人作为"新常识"践行，今后的日本将很难诞生"赢得了的生意"。

在这里，我们需要七个"思维转换"。

话不多说，让我们马上切换为"孙正义的大脑"吧。

常识1 ▶ 紧握想法，充分利用社会资源

思维转换

- **旧常识：需要自己准备"劳动力、原材料、资金"**
- **新常识：紧握想法，充分利用社会资源**

人们一直以来都说，商业的基础无非"劳动力、原材料、资金"。

当然，现在也是如此。如果没有这三大经营资源，任何生意都不可能成立。

不过，有一点和过去不一样了。

那便是，如今只要有优秀的商业想法，"劳动力、原材料、资金"都会自动聚集。

一直以来，如果想要创业，创业者必须事先准备好上述所有的资源。

如今，先决胜负点则在于，"如何才能想到一个充满商业化潜力的优秀商业想法"。

以"资金"为例，即使是毫无商业经验的大学生或者资历尚浅的年轻创业者，只要他们有"有趣"的想法，就有可能获得风投基金的

投资，解决创业所需的资金问题。

当然，最初的投资额一般不会特别大。

但正如我在第1章中也提到过，如今这个时代里，无须占有大量资源也可以让新事业运转起来。只要能实时地调配所需的劳动力、资金，即使每次获得的投资非常少也可以让新事业起步。

与此相对，对于出资方来说，投资选择也可以变得更"随意"。无须特别大的投资额，投资者的风险便能随之降低——"如果有潜力的话那就投一点儿试试吧"成了可能。

在第1章中，我为大家介绍过许多天使投资人也都争相出资的ADDress（通过缴纳月费便可在日本国内所有的空置房源、休闲别墅无限居住的会员制服务）。事实上，我也采访过其中一位ADDress的投资人。

记得当时我问过对方是否有不安，因为"感觉确实是一个很有意思的商业模式，但是今后是否能不断壮大并不明朗"。对方回答得很轻松，"他们的模式很符合时代潮流，应该没问题吧。"

这也说明了，相比以往的创业者、投资人总是抱着"不成功、便成仁"的心态开展新项目，如今或许早已大不相同了。

在上文中，我围绕着"资金"进行了展开，"劳动力"其实也是一样的。

如今，东京大学等日本国内顶级院校的毕业生已不再将国家公务员、大型日企、金融机构作为自身的就职目标，充满活力的初创企业成了他们的新选择。即使不是作为第一份工作，越来越多的学生也开始计划，"想先在外资咨询公司锻炼三年，然后再自己创业或者加入一个初创企业"。

越是优秀的年轻人，他们就越想要做有意思、对社会有贡献的工作。只要能满足这一条件，在哪里工作对他们来说都无所谓——这便是当代年轻人的价值观。

所以说，只要有"有意思"的想法，人才也会自动聚集过来。

而关于原材料，本身就没有大量收集的必要。

在新时代，首先，我们并不需要以往工厂制造时代里所需的大量机器设备。其次，即使搭建平台需要相关系统来提升效率，只要利用好"云"，很多资源的需求以较低的成本就能被满足。

而正因我们不再需要大量地持有设备与基础设施，宽敞的办公空间也不再成为必须。只要能利用好类似WeWork这一在日本不断普及的共享办公空间，极少的资金投入就能享受到舒适的办公环境。

综上，"做生意首先准备好劳动力、原材料、资金"完全成了旧常识。

只要有好的想法，劳动力、资金自然也就能聚集起来。

换句话说，"想法即王道"成了SQM时代的新常识。

将这一新常识"理所当然"地一路实践而来的便是孙正义。

在孙正义还是20多岁、尚未创立软银的时候，就已经有了通过想法收集"劳动力、原材料、资金"的实践。

相信大家可能都知道，孙正义创立软银的资金主要来自他那有声自动翻译器的想法。当年他把这一想法卖给了夏普，由此获得了软银的启动资金。

而且，当时制造出翻译器原型的并不是孙正义本人，而是他当时就读的加州大学伯克利分校的科研人员。

拜托科研人员开发的时候，孙正义还只是一个学生，自然没有任何资金。他对科研人员说："如果原型做出来了，就会有企业跟我们签约，到时候我再付你们报酬。"由此达成了合作。

当然，科研人员也都不是外行，他们当时一定也是认为"这个想法能成功"才答应帮忙开发的吧。

就这样，孙正义仅凭一个想法就漂亮地集齐了资金、人才。

创立了软银之后，孙正义也一如既往地保持了这一作风。

每当有一个新的商业想法，他马上就会通过媒体进行宣传，即使对外公开时项目启动的人才和资金均未到位。但这也正是因为他已经认识到了，"好的想法能帮他带来人才和资金"。

媒体一旦报道了相关商业计划，"想参与到这个项目"的人才和投资者就会不断涌现。这也使得每次公布的商业计划总能如期问世。

说得极端一些，孙正义认为世间几乎所有的"劳动力、原材料、资金"均可为自己所用。

当然，这不是为了说明他多么声名显赫，我只是想告诉大家，孙正义完全没有"只能利用眼下仅用的资源"的执念。

每当启动一个新项目时，很少能有一开始就拥有充足的人才、资金的情况。初创企业自不必说，大企业内部开设新业务时也只能获得极其有限的资源，因为之前并没有相关的案例，公司里并不存在拥有相关经验、知识的人，且公司也并不想承担失败的风险。

如果认为"自己尚未拥有就等于劣势"，那接下来在整个创业初期看到的只会是劣势，由此得出的结论也只能是"还是不做什么新业务比较好"。

然而，如果能像孙正义一样，相信"这世上所有的资源都可为我所用"，所有的劣势便会立马消失。

尤其是整个社会正在迈向平台化的当今时代，人们可以在必要的时候实时获得必要数量的必要物，上述"这世上所有的资源都可为我所用"便完全不是妄想，而是可实现的客观事实。

"没有"并不是劣势，"没有想法"才是劣势。

关于这一点，请大家一定把固有思维转换过来。

延伸阅读

孙正义的"猎头"术

虽说有了好的想法，人才就会聚集过来。但一旦涉及能承担项目核心重任的人才，事情便没有那么简单了。

因为这世上所有的企业和团队都想拥有能力很强的成员，优秀的人才总是需要"抢"的。

如果一定想让某个人加入自己团队的项目，星探一般的猎头术必不可少。而在招募人才方面，孙正义也是一流的。

软银集团经常会招募一些其他公司的优秀领袖加入自己的管理层，其中很多都是孙正义亲自邀请来的。

一般来说，企业如果想招募管理层，基本都是通过猎头先去寻找合适人选，这些候选人有了一定意向，高层才会出面跟他们谈。但是孙正义不一样，他会亲自挖掘、联系心仪的人才，尽其所能说服对方。

孙正义"看中"的，往往是那些与他一起工作过的人。

20世纪90年代，作为董事会成员被邀请加入软银的北尾吉孝（如今是SBI Holdings董事长、CEO）就是如此。北尾吉孝原先是野村证券法人销售部的部长，软银上市时，其正好在野村证券负责软银的上市项目。孙正义十分欣赏他的能力，直接邀请了他。

2014年加入软银、之后成为副总的奈克什·艾若拉（Nikesh Arora，2016年离职）也是因为之前在谷歌工作期间跟孙正义有过工作上的往来而被看中——他的工作能力和人品受到了孙正义的赏识。

只有一起工作过，才能彻底了解对方的工作能力与人品。尤其是管理层的候选人，能力优秀是一方面，可信赖也是绝对必要的条件。

为此，相比于"人才中介"，孙正义亲自确认、亲自邀请的方法确实也是更加合理的。

此外，孙正义每次的"邀请"也总是十分热情。

2000年加入软银董事会，之后相继就任福冈软银Hawks董事长与Japan Telecom董事会成员的笠井和彦，本是原富士银行的副行长，还担任过安田信托银行（现日本瑞穗银行）的董事长。

笠井和彦和上述两位软银（曾）高管一样，在之前的工作中与软银有过商业上的合作。据说孙正义当时非常想让笠井和彦加入软银，前去拜访了他许多次，每次都费尽苦心地说服对方。

终于，笠井和彦被孙正义的热情与诚意打动，答应加入软银。

当时的软银完全没有现在这般的知名度，很多人都觉得它是一个"不知道在搞什么名堂"的公司。作为一个日本巨头银行的副行长竟然加入了这样一家公司，据说这在当时的金融界曾引起了一阵骚动。

即便如此，笠井和彦还是坚定地加入了软银。而他的这一决定，可以说完全归功于孙正义的"三顾茅庐"。

所以说，无论公司的知名度、规模大小，只要真的有"无论如何都想要对方加入"的心意，就一定有办法打动对方。

上文中我有提到被孙正义邀请来的奈克什·艾若拉。据说在接到孙正义亲自打去的邀请电话时，正好是他在意大利南部小岛筹备婚礼的时候。电话之后，孙正义又搭乘私人飞机亲自飞去了意大利——由此可见孙正义的邀请真可谓是心虔志诚。

除此之外，孙正义还给奈克什·艾若拉开出了极高的薪资——高达165亿日元。不仅是行动，孙正义提出的薪资也足以证明他的诚意。

上述这些行为可能会让大家觉得，"这些，我们一般人效仿不了吧"，但是，即使是初创企业，也可以通过期权等方式充分显示自己的诚意。

最近市场上也出现了一些"期权信托"的模式，期权的行权价格主要基于上涨前的股价定价，对于持有者来说，借此获得资本收益也就变得更加容易了。

所以说，即使是吸引人才的"资金"，只要能充分利用好这世间相关的规则，同样可以轻松实现。

SQM思考法则
跟孙正义学商业创新

常识2 ◆ 能借钱也是一种实力

思维转换

- ■ **旧常识：借钱是恶习**
- ■ **新常识：能借钱也是一种实力**

　　如果说日本人有什么讨厌的词，"借钱"算得上是大家最讨厌的词了吧。

　　因为对于日本人来说，"借钱是恶习"这一价值观早已根深蒂固。确实在过去，自己踏踏实实地存钱才是最稳定、安全的生活方式。

　　但是，孙正义的想法正好与大家相反。

　　"大家愿意把钱借给我，正是软银这家公司的价值得到了认可的充分证明。所以，能借到钱也是一种实力。"

　　也就是说，孙正义认为，借钱并不是什么负面的事；相反，它是能证明企业价值的、值得骄傲的事。

　　我在前文中反复提到，如今的时代，是一个能在必要时候调配到必要数量的"劳动力、原材料、资金"的时代。而调配这一切的前提，只需要有商业想法。以往需要土地、房屋担保才能借到的钱，现在只需要一个好的想法就能得到。

在这样一个时代里，如果是孙正义的话，他一定会说："这么好的机会不借钱不是亏了吗！"

"天上会掉馅饼。"

这是孙正义经常挂在嘴边的话。

对于好的商业想法不断从脑子里冒出来的孙正义来说，这一定绝非玩笑，而是他的真实感受吧。也正因孙正义的这一价值观，软银集团得以成为了日本屈指可数的"借款大王"。

根据2018年12月日本东洋经济新报社发表的"日本借款最多的500家企业"名单，软银连续四年荣登榜首。

且2018年年末的负债额相比前一年的12.6万亿日元来说可谓是进一步高涨，总额达到了13.7万亿日元。根据报道，软银债台高筑的具体原因主要在于其收购了美国通信公司Sprint与英国半导体巨头ARM。其中，仅仅是ARM的收购价就高达3.3万亿日元。

读到这里，很多人很可能会疑惑，"软银借这么多钱真的没问题吗？"但如果是孙正义读到这段描述，他一定会高高地昂起头，骄傲地说："怎么样？软银厉害吧。"

如果软银没有实力，就借不到这么多钱。

而且，其借钱收购的Sprint和ARM都可谓是行业巨头。尤其是ARM，据说全世界97%的智能手机里都搭载了ARM设计的芯片，近乎垄断了整个行业的市场份额。

随着今后IoT的不断普及，如果有一天所有的设备都需要搭载芯片，ARM毫无疑问地会成为整个半导体设计市场的唯一赢家。这也就意味着作为收购方的软银也能成为全球的一大赢家。

所以说，即使借款的金额再大，只要其使用目的带来的回报远超借款额本身，就是"赚到了"。

这便是孙正义背后的逻辑。

综上，在今后的时代中，要想打造出"赢得了的生意"，就必须转变对"借钱"的态度——抛弃"借钱是恶习"这一成见，积极地将其看待为"加速企业成长、业务成长的有效资源"。

常识3 相比短期收支，最重要的是追寻企业的终生价值

思维转换

- **旧常识：赤字绝不能被允许**
- **新常识：相比短期收支，最重要的是追寻企业的终生价值**

除了借钱之外，日本企业对"赤字"二字也十分敏感。

以经营管理为例，每季度、每年度的决算是盈余还是赤字总是让人欢喜让人忧愁。

但是，在SQM时代，相比执着于短期的P/L，更重要的是要追寻企业的"终生价值（Life Time Value，LTV）"。

也就是说，商品、服务并不是卖出去就万事大吉了，如何能持续地从中获益才是胜负的关键。

正如我在第1章所提到的，人们所追求的正逐渐从"占有价值"转为"体验价值"。

在商品交易还是以"物件单位"进行的时代，产品一旦售出，商家与顾客的关系也就此断绝。

但是，在平台及会员制的商业模式下，即使是在"体验价值"售出之后，平台、服务供应商也将继续与顾客保持联系。定制化模式也是一样，由于它与会员制等防止用户流失的商业模式十分契合，定制化服务提供商很容易地就能借此保持与顾客的互动。

在这些新的商业模式下，通过鼓励顾客重复消费、添加附加服务以提供新价值等方式，供应商将能更容易地从每一位顾客身上获得长期的利益。

孙正义常说的"收益能像牛的口水一样源源不断的商业模式"，换句话说就是"LTV巨大的商业模式"。

那么，企业提升LTV需要什么呢？

答案是"企业价值"。

也就是说，"股票市场如何评价你的公司"十分重要。

只要市场认为"你的商业模式具有可持续性，能够获得很高的LTV"，那么即使你的企业在短期内出现了赤字，也依旧能从股票市场上获得资金、继续扩大自身的业务规模。

2018年年初，Netflix发布，其将投入8 000亿日元以加速平台内容扩充。

至于为什么Netflix能投入如此巨额的资金，说到底还是因为金融市场十分看好它的商业模式。

2017年10月、2019年4月，Netflix分别获得了16亿、19亿美金的投资。在此基础上，2019年10月，其收获了20亿美金的追加投资——突破单轮投资最高纪录。

而市场之所以对Netflix有如此高的评价，则是因为会员制模式带来的企业价值十分明朗。

因为是会员制，所以只要将用户数乘以续订率，很容易地就能估算出未来的现金流。虽然用户数以及续订率会存在上下波动，但基于以往数据计算总还是能保证一定的准确性。

与此相对，电影制作往往很难获得投资。即使是有名的导演和演员参与其中，也总是需要"很辛苦地拉投资"。

因为电影往往是一局定胜负，有可能成为大热门，也有可能是大冷门。完全可以说是听天由命的豪赌。

对于这样毫无确定性的商业模式，很少有人愿意投入自己的资金，这也导致了电影制作的融资之难。

而如果是定额制的影像资源平台等LTV可预测的商业模式，供应商便可通过市场对话获得必要的资金。

且正因LTV相对可预测，即使出现了短期的赤字，投资人也并不会特别在意。尤其是新项目，经历短期赤字可以说是各新项目的默认设定。

大家可能都知道，Amazon花了将近十年才实现了盈余。在那之前，其累计赤字高达1万亿日元。即使如此，Amazon还是坚持投资自身的物流、库存管理能力，最终通过压倒性的便捷程度打败了其他电商平台、提升了企业价值。

可以说，Amazon之所以能成为今日的电商巨头，正是因为其不拘泥于短期的经营赤字，始终以提升LTV为终极目标。

和Amazon一样，孙正义的经营也秉承着"短期赤字无所谓，LTV才是最重要的"这一方针。

很多人可能会认为软银是一家顺风顺水成长起来的企业，但事实上，在2001年度至2004年度，软银连续出现了赤字。要知道如果第五年还是赤字，软银将面临强制退市的危险。

而之所以会出现这样的连续赤字，是因为孙正义当时将重心放在了用户增长上。2001年，软银开始提供ADSL服务"Yahoo! BB"，当时孙正义的想法是，"初期赤字也没关系，使劲花钱把用户数量给提升上来最重要"。

就这样，当时的软银在日本全国上下开展促销活动，甚至还在街头免费发放起了试用机。几十家分销商、从南至北上千个试用机发放点，软银再次以其"违背常识"的战略震惊了市场。

这样下血本宣传的目的自然还是尽可能多地能让用户来体验一下这一新服务。同时，多个市场手段、渠道并用也可以帮助软银筛选出其中最有效的方法。

其实，软银本可以更早地实现盈余，孙正义是故意拖到最后关头，以此尽可能多地投入成本、获取新的用户。所以，连续四年赤字的背后，实际上是孙正义深信软银在第五年一定会出现盈余。

2005年度，软银的营业利润达到了600亿日元。2006年度，该数据进一步达到2 700亿日元。之后便更是一路向上增长。

对于数据分析的天才孙正义来说，计算"究竟该花多少成本来获取用户"完全可以说是信手拈来，所以他才能如此自信地让软银连续四年处在赤字状态。

话说回来，软银当时开始提供"Yahoo！BB"时设定的"ADSL月费为990日元"在日本可以说是惊人的便宜。

因为当时ADSL供应商普遍的定价均在6 000日元左右，990日元完全可以说是不按常理出牌。

而且在当时，人们普遍认为ADSL是"一小撮狂热粉才会去用的服务""没有网络知识就用不了"。

正是孙正义设定了如此惊人的低价，才使得一般用户得以跨越心理门槛，"这么便宜的话就试试好了"，开始使用起软银的ADSL。

Yahoo！Auction在最开始时也采取了同样的策略——最初不收取任何手续费。所以很多人才会想，"不要手续费的话就试试好了"。

在项目早期，即使会造成赤字也因由卖方承担销售成本、将买方的风险降至最低，而成功获取新的用户。

这便是软银的经营模式。

最近软银大力推广的PayPay（支付平台）也是采取同样的用户获取策略。

"新注册用户将获得500日元""100亿日元大家分"等高成本的推

广正是希望尚未习惯电子支付的消费者能觉得"如果好处这么多的话就用用看吧"。

当然，如果一直是赤字，整个项目也无法运作。为此，企业应该提前制定好战略——何时让自己实现盈余。

关于这一内容，我将在第3章进行详细说明。

在这里，我将为大家介绍一下软银使用的LTV计算公式。

如果想要非常严谨地计算LTV，就必须用到非常复杂的公式。为了让大家能更容易地理解这一公式的本质，在这里我将只通过现金的流进与流出介绍计算概要。

产品买断制

LTV =（平均购买单价×购买频率×留存时间）－（用户获取成本+用户留存成本）

会员制

LTV =（用户年消费额×留存时间）－（用户获取成本+用户留存成本）

通过以上公式便可计算出，"用户获取成本应该投入到什么程度才能使得LTV转负为正"。

在产品买断模式下，假设公式前半部分的（平均购买单价×购买频率×留存时间）为3万日元。此时，如果获取、留存第一位用户所需的成本为100日元，这第一位用户的LTV便是2.99万日元（3万日元－100日元）。

但是，为了不断获取新的用户，成本是需要不断投入的。

为此，随着用户获取成本由100日元逐渐变为200日元、300日元，最后到300位用户的3万日元时，用户的LTV便成了0日元（3万日元－3万日元）。

此时说明，"如果用户获取成本到达了3万日元，再花下去就是损失了"。

会员制模式下也是如此。

换句话说，只要能用好LTV计算公式，就能实现非单一年度或单次的买卖、而是以产品品牌或者会员制长期合约为前提的最佳投资。

当然，要管理好LTV，就必须要能做好数字分析。

在软银，所有的员工都需要用数字分析为公司的经营发展做出贡献。

关于如何通过数据分析实现LTV的最大化，我将在第3章展开详细说明。

常识4 在市场上迅速拿下第一

思维转换

- **旧常识：不断与对手竞争、逐渐扩大市场份额**
- **新常识：在市场上迅速拿下第一**

每一个新事业起步时，人们描绘的往往是"进入市场后，和对于们竞争，慢慢扩大市场份额，成为最后的赢家"。

但在平台时代，这样的想法将不再适用。

为什么这么说？因为如果不能马上赢得胜利，就无法成为平台供应商。

平台说到底是一个"场"，买卖双方及物、服务、信息聚集于此，平台由此成为交易的场所。

这世上不存在任何人都没有注意到的"隐蔽"平台。

那么，如何才能让用户、物、服务以及信息聚集过来呢？答案只有一个，那就是"成为第一"。

以买衣服为例，如果现在出现了两个平台，分别是"服装品类数量第一""服装品类数量第二"，你会选择哪一个呢？

或者以共享汽车为例，现在摆在你面前有两个选择，"注册车辆数量第一的平台""注册车辆数量第二的平台"，你又会选哪一个呢？

如果手续费等其他条件都大致相同，相信没有人会选第二。

一旦成为第一，资源便会自动聚集，平台的交易量会随之增加、知名度也会随之提升，进而吸引更多的资源聚集，由此一个良性的成长循环就诞生了。

这一现象也被称为网络外部性（对应生产中的规模效应），即"消费同样商品、服务的人数越多，获取该商品、服务的过程也就越便捷"。

"线上拍卖"就是一个很好的例子。

卖家最多的拍卖网站往往也会吸引来大量的买家，而随着买家增多，越来越多的卖家也会进一步聚集而来。所以，只要能成为第一，竞争对手几乎不可能再撼动你的位置。

之前"eBay"（外贸信息门户网站）这一在全球市场称霸的交易平台之所以被迫退出日本，也正是因为日本已经有了"Yahoo! Auction"这一日本国内的"行业老大"。

之后虽然eBay又再次进军日本市场，但其至今未能攻下"Yahoo! Auction"的城池。

话说回来，很多人可能会疑惑，"从新加入的角度来说，怎样才能一下子就成为第一呢?"

答案很简单。

找到你觉得自己能成为第一的那个领域即可。

找到那些别人没有参与或者参与者非常少的领域，无论市场多么狭小，先拿下再说。

这也就是"细分市场第一战略"。

没有竞争对手，最先开始的那个人立马就能成为第一，换句话说就是"躺赢"。

Amazon如今之所以能作为平台立足全球，也正是因为当年它做到了"图书交易"这一细分领域的第一。

20世纪90年代至21世纪，美国兴起了IT热潮，许多IT初创企业借此起步。其中很多都是与Amazon同类的电商企业。比如食品、日用品电商"Webvan"，经营没几年甚至就实现了在纳斯达克的上市。

但是，其也在2001年就倒闭了。

虽然当时整个网络发展还处于"窄带时期"，网站使用起来确实并不方便，但与Webvan站在同一起跑线上的Amazon却也得以一路壮大。两者的差别大概就在于"在哪个领域得出胜负"吧。

其实，孙正义曾经也考虑过和Amazon合作。那时候我也一起读了很多电商相关的报告，其中印象最深的便是"最适合线上交易的是图书"。

因为不同于生鲜食品存在保质期的问题，图书不管放置多久都不会变质，便于管理。且图书的内容也不会因店铺不同而改变，对于顾客来说，在哪家买都一样。

而对于尚处于互联网黎明期的在线消费者来说，他们最大的担忧便是"仓库品质管理不当、配送延迟、购买的商品会在运送途中变质"。

由此，图书交易确实成了"只要参与就能稳赢的细分市场"。因为它不需要质量管理的成本，且产品质量也不会受到运输的影响，几乎可以保持稳定的高质量。

毫无疑问，Amazon的创始人杰夫·贝佐斯是在深知这一点的前提下开始打造他的"图书交易平台"的。

之后，通过在图书这一细分领域做到了第一，Amazon成功地确立了自身的企业价值——"网购就上Amazon"。这样一来，即使Amazon开始销售起图书以外的商品，人们也毫无抵抗地继续在Amazon上购买起来。

我在第1章中也提到过，只要能获得用户的ID与支付信息，就可以很容易地防止用户流失。即使产品品类、附加服务不断增加，用户也会一如既往地使用下去。

就这样，Amazon一步步成为今日的电商巨头，几乎囊括了所有的产品品类。而这一切的起点，都可以追溯到它首先做到了图书交易这一细分领域的第一。

最近出现的Locondo这一时尚电商平台也采取了同样的策略。

虽然该平台上也有销售时装、包等其他品类，但其大力宣传的还是"买鞋就上Locondo"，由此可见其目标在于"首先成为鞋类细分领域的第一"。

Locondo的平台运营商一定也明白，虽然未来是想要成为"ZOZOTOWN"一般的时尚电商平台，但如果不能先在某一细分领域胜出，就难以维系平台功能。由此，他们才从众多时尚品类中先选择了鞋类入手。

这与Amazon从图书交易入手是一个道理，同为细分市场第一战略。

孙正义亦是如此，无论多么细分的领域，都执着于"拿下第一"。

其中最典型的案例便是ADSL服务"Yahoo！BB"。

本节的标题为"从'别人不做的领域'开始"，当年的ADSL服务正是如此，可以说是谁都不愿意着手。

前文中我也提到过，在软银之前，只有一小部分技术狂热粉才会使用ADSL，为此当时也只有一小部分小型的供应商。而且要加入这个市场，需要先从NTT（日本的移动通信运营商）借用光纤与通信设备箱，如果是大规模的部署，整体工程将十分烦琐。

为此，几乎没有企业愿意花费如此巨大的成本进入这样一个小规模的细分领域。

也正因如此，这一市场才吸引了孙正义的注意。

在正式开始提供服务前，孙正义一口气下单了100万台调制解调器。要知道在当时，相应设备的订单量往往只在1万台左右。

惊人的低价"ADSL月费990日元"也是为了夺取市场第一的宝座。

最终，"Yahoo！BB"仅在服务开始提供的3个月之内订单数就突破了100万单。这也使得软银得以迅速成为日本国内ADSL领域的龙头老大。

一旦成为提供ADSL服务的平台商，市场认定的企业价值也将随之高涨。

在那之后，软银相继收购了Japan Telecom与Vodafone，成功地在通信领域确立了自身的地位。而软银之所以能够获得巨额投资以实现一系列的收购，也正是得益于其已成为"ADSL领域具有压倒性优势的第一"。

很多人会存在一个很大的误区，"就算在细分领域做到第一，整体的事业规模不也很小吗？"

但是，关键其实不在于细分领域的规模大小，而是"第一"这一名声能带来的价值。

相信孙正义对此应该早有很深的领悟。

思维转换

■ 旧常识：商品价值在发售时达到峰值

■ 新常识：商品价值在发售后会通过"DPCA"实现不断攀升

在第1章中，我向大家说明了SQM时代下，价值创造的"场"正在由"工厂"转移至"社会"。

汽车也好，家电也罢，所有制造业的产品往往是在出厂时达到自身价值的峰值。而在出厂后，一般随着时间的流逝，产品的商品价值便不断递减。

这也是为什么一直以来，企业总是将重心放在如何制造出高完成度的商品上，而出厂后的售后服务则仅仅控制在满足用户最低需求的水准上。

与此相对，服务业的商品价值则产生于用户每一次的体验之中。

通过共享出行服务乘车，在影像平台上看电影、电视剧，体验价值无时无刻不发生在社会的各个角落。

但此时，用户所感受到的体验价值并非均一不变。即使是同一服务，有的用户会觉得满足，有的则会觉得不满，"这次的司机车技有点儿不行""要是有更多这样的服务内容可选就好了"。

也就是说，服务价值在提供后也会不断发生波动。

为此，如果想让用户继续使用自身的服务、不断提高LTV，服务供应方就需要不断改善、不断地提供体验价值。

在服务面世后，供应商必须继续循环PDCA，不断提升自身的服务质量。

说得更严谨一点，应该是"DPCA"，因为软银的作风往往是在P（计划）之前先开始D（实践）。

当然，并不是说完全没有计划，只不过计划可以基于假说。相比于花费大量的时间收集严密的信息、分析数据、敲定计划，不去实践永远不知道结果。

最重要的是尽早获得"真实数据"——"试着做了一下结果如何"。计划阶段得出的数据说到底只是一个"预估值"，真实的数据才至关重要。

并且，通过分析预估值与真实数据间的偏差，企业就能找出相应的改善对策。

实践相应的改善对策，获取新的真实数据，再次分析偏差，再次制定新的改善策略，这一系列的循环反复将大大提升服务的体验价值、促进用户的留存。

尤其在软银，这一循环的速度可谓是非同寻常之快。

相比许多企业的每季度核对指标达成情况、于下一季度进行改善，软银几乎是实时地根据数据循环"DPCA"，在此基础上立马决定接下来的对策。前者那种季度单位的评价、改善方式要是让孙正义评价，他一定会觉得无法理解。毕竟孙正义经常把这样一句话挂在嘴边，"基于过去的数据谈未来简直就是看着后视镜在开车"。

当年软银开始进军手机市场、立志成为新增用户数行业第一的通信商时，其他手机公司便纷纷通过降价应对。但就在竞争对手宣布降价的当天内，软银也立即宣布了其将降低手机套餐费用。

遇到这种情况，一般企业一定是先把管理层召集起来开个会，一番讨论之后，到了下一个决算期才发布"我们将决定降价"。而这样的事在软银发生的可能性为零。

正因软银一直以来都高速地循环"实践→改善→验证→实践"，通过数据分析实时把握经营现状，孙正义才得以在每次外部环境发生变化时当机立断，"我们可以降价降到这个程度"。

也正因如此，软银才能不断满足消费者需求，不断提升自身产品、服务的体验价值。

不要埋头苦算，首先去实践、去获取真实数据。

越是在这样瞬息万变的时代，无论企业、个人才越需要去实践孙正义般的"超高速DPCA"。

常识6 ▶ 无畏风险，巧妙应对

思维转换

■ **旧常识：失败为耻，禁止冒险**

■ **新常识：无畏风险，巧妙应对**

关于日本企业之前深陷低速增长泥潭的历史，人们讨论了很多原因。我个人认为，其根本原因实际在于"组织中缺乏包容风险的氛围"。

一旦失败，个人的评分就会下降，由此大家都害怕失败。进而，员工拥抱新机会的热情褪去，且只会极力避免背负成果指标。

在这样一种氛围下，不仅是新项目本身难以诞生，企业及其业务也无法实现成长。

话说回来，任何组织、任何个人都不可能完全避免失败。因为人类无法预测未来，结果会出乎意料，自然也就是理所当然的。

软银也是如此，其经历的失败也是数不胜数。

至今为止，软银投资的初创企业大概超过了1 000家，但其中真正算得上大获成功的恐怕也只有"Yahoo!"和"阿里巴巴"了。

创投领域都说"千分之三"（投1 000家公司大概只有3家能投对），哪怕是经营管理天才的孙正义恐怕也难以打破这一说法。

但是，孙正义正是在深知这一概率的前提下积极地进行着投资。

也就是说，孙正义是以失败为前提对这么多的企业进行了投资。

关于商业的成功概率，我从孙正义那里学到了"鲑鱼卵理论"。

据说鲑鱼每次产卵2 000多个，最终仅仅只能有两三条能顺利存活、生长。如果有更多的存活者，便会引起鱼群泛滥，由此影响整体的生态环境。但如果太少，又会导致整个种族濒临灭绝。

为此，最为合适、稳定的单次产卵存活量便是两三条。此外，正因存活率极低，最后剩下的往往也是鱼群中极为优秀的个体。

像这样，生物世界正是在这样一种"多产多死"的前提下得以保持了均衡。

创投领域也是一样。

在大部分企业最终都销声匿迹的初创领域，最终留下来的"Yahoo!"与"阿里巴巴"正如活下来的鲑鱼般坚韧、顽强、充满生命力。这也是它们能在今日收获如此巨大成功的原因。

反过来说，如果"中签"的概率这么低，在大部分初创企业最终都会淡出市场的前提下进行大量的投资便成了必须。

如果没有大量的失败，就不会收获巨大的成功。

孙正义深知这一点。

所以，对于孙正义来说，"失败＝风险"这一等式并不成立。

因为不经历失败就无法收获成功，倒不如说是"不失败＝风险"。

当然，孙正义也并不是不害怕风险。

相反，他比其他任何经营者都在意风险。

但即使是被誉为天才经营者的孙正义也会有很多预料不到的事，所以他本人也是在"未来完全无法预测"的前提下思考、行动的。

这也就是为什么在软银，"无论如何先去实践"成了大家的行动准则。

不论你如何苦思冥想，计划阶段能得出的只有"预估值"，且现实会偏离预测也是理所当然的事。

但是，重要的并不在于实践结果的成败，而是借此把握"预估值与实测值"间的误差。

实际成果低于预期自不必说，即使是高于预期，我们也应借此分析"为什么产生了误差"，在此基础上思考、实行下一对策。在这瞬息万变且无法预测未来的时代，我们只能通过不断实践、不断修正轨道以逐步接近目标。

在抵达终点的过程中总会遇到失败，但只要我们能在每次失败后不断改进、抵达终点，这便不算真正的失败，而只是"抵达成功必经之过程"。

所以说，最早实践、最快获得实际数据的企业才能成为商业世界的获胜者。

因害怕实践带来的失败而只是"纸上谈兵"、纠结于"怎么办才好"的企业，与勇于实践、在此过程中不断收集实际数据的企业，高下立判。

趁早多失败——这才是软银的必胜法则。

这也是孙正义思考的投射，"无畏风险，巧妙应对"。

不过，这也并不是说孙正义总是盲目行动，每次等到风险来了才被动应对。

相反，孙正义总是在出击前就想好了提高事业成功率的战略。

如果都是吉凶未卜，那选择一个"高中签率的抽签盒"总还是更有利的。相比中签率只有百分之一的设定，十分之一的自然会让成功率大大提升。

那么，我们又该如何找到这样一个"高中签率的抽签盒"呢？

对此，孙正义贯彻的往往是，"永远选择上升期的领域""持续乘坐上行电梯"。只要所处的领域自身处于成长阶段，投资、经营的成功率自然也就会提升。

孙正义在创业初期选择IT这一领域，正是他遵循"摩尔定律"的选择。

"摩尔定律"是由英特尔（Intel）创始人之一戈登·摩尔于20世纪60年代提出的，其指的是"集成电路上可容纳的晶体管数目，约每隔一年至两年半便会增加一倍"。几十年后的今天，我们可以发现整个技术变革的速度正如摩尔先生所描述。

也正因如此，孙正义才从一开始就坚信"IT行业将永远地发展下去"，进而软银也一直坚持在这个领域不断深耕。

软银于之前收购半导体巨头ARM可以说也是为了保持自身IT巨头地位的重要战略之一。因为要想提前掌握今后最具潜力的IoT市场的信息，收购芯片开发商无疑是最具优势的。

很多人可能会担忧"花了3.3万亿日元，软银真的没关系吗？"但对于为了获得"高中签率的抽签盒"的孙正义来说，他一定还觉得便宜了。

所以，孙正义看起来可能像是在盲目地寻找挑战，但实际上他只参与高胜率的游戏。

上文我跟大家提到，要"趁早多失败"，但是，大规模的失败还是应极力避免，即避免那些会让"公司彻底崩溃"的失败。

这也是孙正义的铁律。

无数的IT初创企业诞生又消失，唯有软银"常在"，这背后正是因为孙正义对风险的彻底管理。

软银到处进行大规模的投资可能会让大家觉得孙正义总是"大手大脚"地花钱，但实际并非如此。

尤其对于办公楼的租金、水电费等固定成本，孙正义更是"能省则省"。

因为只要能将固定成本降到最低，公司至少就能一直生存下去。

据说，"固定成本过高，公司就会倒闭"这一道理还是孙正义从"Management Game"（经营游戏）中学到的。这是四十多年前索尼面向经营管理者开发的培训项目，如今也被导入到了软银的培训课程中。

学员们一边进行类似"大富翁"般的游戏，一边通过虚拟体验学习企业的经营管理知识，其中就包括了销售额与固定成本的关系。

固定成本无关销售额高低的固定成本。除了刚才提到的租金、水电，人工费也是一种固定成本。

无论销售额多高，如果固定成本超过了销售额，企业因现金流断裂面临破产的风险就会增大，付不起租金、水电、员工的工资，"游戏"立马中止。

所以孙正义才说，"要把固定成本/销售额的占比降到最低，这样企业就不会倒闭"。

对于孙正义来说，如何在降低固定成本、控制风险的同时促进企业成长一直都是十分重要的课题。

尤其是在项目启动初期，企业很难马上实现现金的流入，到能获得收入之前，只有现金的不断流出。

为此，大家在创业初期千万不要为了"虚荣"而租借高昂的办公区。

借用熟人的办公场地也可以，租借共享办公空间也可以，总之就是要将固定成本降到最低。企业内部的新项目也是一样，最开始完全可以借用某一部门的工位，尽量充分利用免费的资源。

此外，将人工费"流动化"，仅在必要时借用必要的人力资源也是很好的策略。

现在有很多这种匹配企业需求与人才的中介平台，每当有需求时，"调配"拥有必要技能、经验的人才也是完全可能的。

我个人在创业初期也经常借用外部的人力资源。

甚至连"TORAIZ"这一服务名也并不是我自己想出来的。

我在一个"取名"平台上下了订单，在该平台上注册的都是这方面的自由职业者，他们给了我300多个方案，我从中选出了"TORAIZ"。

如果仅靠自己的团队，肯定想不到这么多方案，且公司内部也很难聚集如此多具有创造性的专业人才。如果是这样的话，"外包服务"反而能获得高质量的方案，且成本也不过几万日元。

可以说，在平台时代里，你想要的都可以在网上检索到，且相应资源在需要时就能立马调配。

在经营管理过程中按"准时制"的方式调配必要资源，彻底消除"超负荷、多余、不均"，将风险降到最低——这便是平台时代的"智慧"经营法。

常识7 追寻新的成长领域

思维转换

- **旧常识：不要转行**
- **新常识：追寻新的成长领域**

毫不忌讳地说，孙正义是一个很容易"厌倦"的经营者。

每次开始新业务，只需要三年就会让他失去新鲜感。

软银刚开始开展手机业务时，孙正义在自己的房间里摆满了市场上所有的手机，每天想的只有手机，但现在，他每天想的大概只有怎么投资IoT市场、怎么投资平台了吧。

但是，这从企业持续成长的角度来说其实是一件好事。

科技革新不断加速的当今时代，各业务的生命周期也在不断缩短。

即使能实现一时的称霸，也有可能会在很短的周期内就淡出市场。快的时候，很多业务往往撑不过三年。

虽然"Yahoo! Auction"也曾风靡一时，将"eBay"平台"赶"出了日本市场，在当时实现了日本国内的称霸，但如今谈起二手交易平台，人们最先想起的恐怕还是"Mercari"。即使成为某一领域的第一，随着业务本身进入成熟期、衰退期，整个业务的安危便会受到其他进入成长期的新业务的影响。

在这样的情况下，孙正义的做法便显得更为智慧——总是追寻新的潮流，思考"下一个成长领域在哪里"，在现有业务衰退前迅速转移至新的领域。

刚才提到，"孙正义非常彻底地确保自己总在乘坐上行电梯"，而软银确实也是与时代一同不断换乘上行电梯成长起来的。

虽然遵从着"摩尔定律"一直留在IT领域，却也总是先人一步找到其中最具潜力的细分市场。

从软件代理起步，到电脑杂志出版、ADSL、手机通信、机器人，再到今日通过收购ARM进军IoT市场，软银正是不断地换乘着上行电梯。

只要看一看孙正义，大家就能知道，经营者最重要的工作就是找寻下一个"上行电梯"在哪里。

越是历史悠久的日企，可能越觉得，"前人一点一点积累起来的现有业务需要我们去守护"。但是，已经进入衰退期的夕阳产业和人一样，无法实现"返老还童"。

为此，如果只是坚守老本行，整个公司便会淡出市场，且这一事件发生的速率正在不断加快。

换句话说，执着于某一业务只会缩短企业的寿命。

看到这句话，大家可能会想，"你这意思是过气了的业务都得想办法卖掉？相关的团队成员也得都裁掉吗？这也太过分了吧。"

当然不是。我完全没有想表达这个意思。

不过，确实很多人可能会误以为孙正义就是这样一个为了事业成功能够若无其事地赶走老员工、不断替换团队成员的经营者。

但事实上，孙正义可是比谁都珍视那些一路以来支撑着软银成长的老员工。

其中，负责分销业务的销售团队更是受到了孙正义的信赖。

对于孙正义来说，那些从一开始就跟着他一起做软件分销业务的老销售更可谓是"近卫队"般的存在。

这一销售团队从软银创立初期起就开始跟各大代理商搭建关系，从软件到ADSL，再到翻盖机、智能手机、在线支付软件（PayPay），只要孙正义说"接下来我们卖这个"，他们立马就能动用自己的客户网，迅速为公司创造出业绩。

而从员工的角度来说，大家似乎也十分理解新业务三年就是一次更新换代。为此，相比于觉得自己被孙正义"玩弄"，大家反而能平静地接受贩卖产品的不断变化，"是时候要开始卖新的东西了"。

反过来，孙正义也深刻理解这些员工的难能可贵——即使要让他们不断卖新的东西，他们也能理解自己的想法，支撑着软银一路向前，这样的员工绝不该成为辞退的对象。

这也是软银里至今还有很多一直伴随着它成长起来的老员工的原因。同时，也正因这些元老级的员工现在都身居销售团队中的高位，软银的必胜方法也被很好地传承了下来。

话说回来，孙正义从一开始就不认为"改变老本行等同于裁员"。

倒不如说，"就是为了不裁员，才要不断地改变老本行"。

软银每次开始新业务，都会把现有业务的员工调往相应的新岗位。也就是说，相比于辞退，软银会让这些员工加入新的业务。

而之所以能实现这样一种方式，也正是因为孙正义每三年就会追寻一个"新的成长领域"。

试想一下，如果现有业务进入了衰退期，而公司又没有别的新业务来"接收"相应员工，这些员工就只能面临被辞退的命运。企业裁员大多都是出于这一原因。

但是软银不一样，因为孙正义总是能找到超越现有业务的新的成长领域。

2018年年末，软银对外公开了有6 800名通信业务的员工被调到了新业务的岗位上。如今的日本又有多少企业能像这样，面对如此多的人数，不辞退，而是为他们准备好新的业务岗位？

换句话说，孙正义每次"换乘电梯"时，也一定会为自己的员工留出一起搭乘的空间。

如果因为现有业务衰退就直接解散相应部门、相应员工，企业规模只会因此缩小。经营管理的平衡或许可以因此得到保障，但企业的规模却只能一路向下。

之前有一段时间非常流行"选择与聚焦"这个理念，但其最终只能带来规模缩小的均衡。因为在这一模式下，大家只会保留盈利的现有业务，其余的都得解散、出售。然而只是采取这样一种方式的话，企业规模自然只会不断缩小。

这完全就像在搭乘下行的电梯，径直地通往地底。

当然，在梳理面临衰退的业务的过程中还是可以实践"选择与集中"这一方法，但与此同时，企业也需要努力找寻更能创收的新业务，及时将自身的资源切换到新的业务线上。

可以说，不断寻找"上行电梯"是企业在这个风云激变的时代生存下去的必要条件。

那么，孙正义是怎样不断找寻下一个"上行电梯"的呢？

答案就是"分析科技趋势"。

窄带、宽带、无线，科技趋势一路在变。接下来便是5G的时代。

孙正义常说，"基础设施的土壤一旦成熟，服务就会在上面开花"。这也就意味着，商业的趋势总是不断重复着"基础设施—服务"这一循环。

比如，"窄带基础设施"带来了"窄带服务"，"宽带基础设施"的登场马上迎来了"宽带服务"。无线和5G也是一样，"无线基础设施"带来了"无线网服务"，"5G基础设施"也会带来"5G服务"。

而孙正义从来都没有错过这些浪潮。

当窄带基础设施完善后，他马上开展起"ISP"（网络服务供应商）业务。随着这一业务进入服务周期，他紧接着投资了美国的"Yahoo!"。

宽带基础设置完善后，他立马开始搭建ADSL网络，随之提供"Yahoo! BB"服务。

而当无线设施完善后，他又买下了移动通信基站，开始提供以iPhone为代表的手机套餐服务。

此外，作为无线土壤上开出的服务之花，"共享出行"也算得上其中之一。只要通过无线，人们无论在哪儿都可以使用智能手机，随时叫车也因此得以实现。

软银投资了以Uber为代表的一系列共享出行服务（包括中国、东南亚等世界各地的共享出行服务），也正是为了赶上"无线服务"这一时代浪潮。

关于马上到来的"5G设施"，日本总务省已经敲定了面向各运营商的频谱分配计划，目前在日本国内各地也都可以开始设置基站了。对此，软银对外公布其将于2020年3月前开始提供"5G服务"。

虽说孙正义很容易"厌倦"，但有一样东西其实一直没变。

那便是软银的愿景。

软银在创立时设立的愿景至今如一，"以信息革命为人们创造幸福"。

现在在软银集团官网的主页上，大家依旧可以看见这样一句话，

"以信息革命为人们的幸福做贡献，致力于成为'全世界最被需要的企业'。"

至今为止，孙正义尝试了各种各样的新业务，其中成功的可谓是都遵从着这一核心愿景。

无论是软件分销、"Yahoo!"相关服务、ADSL还是智能手机，这些都正是带来"信息革命"的产品、服务。

反过来，每当软银着手的业务并不符合自身的愿景时，其中大部分都迎来了失败。

比如，21世纪初期软银着手建立的证券交易所"日本纳斯达克（现为Nippon New Market Hercules）"及日本债券信用银行（现为青空银行）的收购项目，最终分别面临退出日本市场或被出售的命运。

由于这两个项目我本人也参与了，遗憾自不用说，但现在回想起来，它们失败的原因或许就是偏离了软银的愿景。大概孙正义本人也意识到了这一点，所以近几年他着手的项目大多都是在软银愿景的框架内。

孙正义常说，"如果某件事不符合自身的愿景，那就一定没法24小时全心全意地思考如何把它做好"。

他本人就是这样，每当发现了自己觉得有意思的内容，就真的会没日没夜地思考。我还在他手下工作时，经常会在半夜两三点钟收到来自他的邮件，"我想到一个好点子了"。

如果是这样能让人着迷的业务，好的点子就只会不断涌现，且人才、资金、信息也会聚集而来，成功概率自然也就高了。

相反，如果只是因为"想要发财""别人求着我做"而开启某个新项目，结果一定是难以保持兴趣与热情，且"一定把这件事做成"的目的和战略也难以产生。

此外，如果能找到拥有同一愿景的伙伴共同合作，协同效应也将更容易产生。

以ADSL为例，其正是通过"Yahoo!BB"这一名称充分利用了"Yahoo!"品牌的高知名度才得以收获巨大成功。如今PayPay的迅猛普及也正是由于其与软银的手机业务拥有巨大的协同效应。

所以说，虽然软银看起来像是在不断拓展新的领域，但在这背后，实际上是秉承着同一愿景将所有内容都串联了起来。这也是软银能够实现巨大成长的重要原因。

为了让内容更通俗易懂，我一直在用"愿景"（Vision）这一词汇，但孙正义本人其实更喜欢"志"这一表达。具体指的是"能与他人共享的梦想"。

"想成为有钱人""想成为人生赢家"这些因私欲而成的梦想算不上"志"。而只有那些人们听了之后会觉得"如果这真能实现可就太好了"的，才能称得上是"志"。

只要高举"志"旗，同感的人、物、资金以及信息都会聚集而来。所以自己也才能将这些资源进行整合，创造出新的价值，重新在社会上进行分配，与他人共享。这便是孙正义的理念。

或许甚至都可以说，孙正义本人就是一个能将世间所有资源聚合起来的平台。

大家即使不是经营管理者、只是参与了新项目的普通成员，也请一定想一想"自己是在以什么为目标"，以此确立业务的本质、核心。

我想要通过这个项目为世人做出怎样的贡献、我想为用户带去什么——只有那些能将这些问题用语言传递出来，将其作为愿景高举大旗的人，才能吸引来事业所需的人才、物、资金、信息。

在SQM时代，没有愿景就不能成就事业。

且愿景必须始终如一。

正因我们身处不断变化的时代，谨慎地区分出"变与不变"才显得更为重要。

第 3 章

跟孙正义学"初创企业的
必胜法则"

在第 2 章中，我跟大家提到了，只要有优秀的商业想法，世间的"人才、物、资金"自然会聚集过来，只要加以利用就可以了。

这时很多人就会说："这不难就难在想不到好的商业想法吗！"

为此，在本章中，我将为大家介绍如何获得优秀的商业想法。

相比于"锻炼想象能力"等能力提升的方法，我将为大家介绍的则是任何人都能模仿的"流程"。

这些方法无关个人判断能力与技能，"只要这样动起手来就能获得优秀的商业想法"，简单容易上手，而且也不需要专门的训练和努力。

与此同时，要获得优秀的商业想法，相比于独自苦思冥想，借助他人的力量也十分重要。

孙正义在制订商业计划的时候也都会通过与他人的对话，不断获取他人的智慧与经验。为此，我也将为大家介绍一下"孙正义的会议沟通术"。

在此基础上，我还将为大家解说如何将想法打磨成事业成长战略以及证明计划是否合理的评分机制。只要能按照这些方法，一步步地将想法打磨成事业战略，成功概率就能得到提升。

换句话说，读完这一章，大家就一定能理解建立"能赢的商业模式"所需的必胜法则。

必胜法则 1 ▶ 用一张A4纸列出商业计划

很多人可能会觉得商业计划靠的是判断力与灵感，但事实并非如此。仅靠判断力和灵感的只是极少一部分天才。

且灵感何时降临，大家也完全无法预测。

在这个需要根据外部环境不断思考新的商业计划的时代，悠然自得地等待灵感的降临自然是行不通的。

能尽早地获得想法且能大量生产，靠的是"动手"而不是"动脑"。换句话说，也就是要将其"流程化"。

在这里，我将为大家介绍几个按照流程操作就一定能产生大量想法的好方法。

并且，大家需要准备的只有A4纸和铅笔，不论在哪儿都可以轻松实践。

话不多说，让我们马上开始吧。

方法1 制作想法相乘表

如果首先想要获得尽可能多的想法，我推荐大家使用"想法相乘"。

越是"脑子里一片空白，什么也想不到"的时候，越要实践这一方法。

事实上，孙正义也经常使用这一方法。

他在创立软银前就想到的有声自动翻译器也正是这样诞生的。

据说在美国留学期间，孙正义给自己定了"每日一发明"的规矩，由此获得了很多新事业、新产品的想法。但这些靠的都不是判断力与灵感，而是他踏实践行"想法相乘"的结果。

因为是一个流程化的"工序"，无须任何专门训练与学习，谁都可以立马开始模仿。

只要能模仿，就能"又快又多"地获得商业想法。

那么，"想法相乘"具体是怎么做的呢？

做法非常简单。

准备好一张纸，将左半部分作为A栏、右半部分作为B栏。

先在A栏中写下如今成为趋势的关键词，然后在B栏写下自家的商品与服务。

尽量多列举一些，然后用线将A、B栏里的词汇互相连起来。

这就够了。

比如A栏里可以有"Instagram风""珍珠奶茶""感人""人生100年""副业"。

对于文具厂商的员工来说，他们就可以在B栏里写下"手账""圆珠笔""贴纸""文件夹""橡皮"等自家商品。

接下来只要将这些词汇互相连起来就可以了。不用深想，第一眼看上去觉得放在一起会很好、很有趣的词尽管连起来就可以了。

■ 想法相乘表

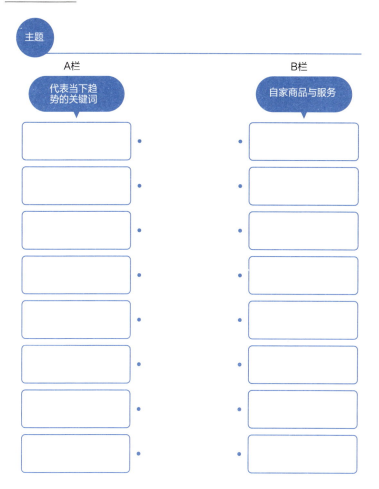

这样一来，就能产生"Instagram风圆珠笔""珍珠奶茶贴纸""感人的橡皮""人生100年手账""副业文件夹"等词汇。

进而，大家就能获得相应的商业想法，"可否试着生产年轻女性会喜欢的、能用来发Instagram的圆珠笔？""印有感人话语可以用来送人的橡皮怎么样？""因为政府也在宣传让大家开展副业，方便大家管理自己不同工作的文件夹可能会卖得不错"。

在这一阶段，首先请把"我们自己公司的技术和设备能实现这一想法吗""这东西有没有市场需求"等现实问题扔到一边吧。在拓展思路的阶段，抛弃成见与既有观念十分重要。只要看着这些合成词去展开思考就好。

年轻时候的孙正义也正是用同样的方法践行着自己的"一日一发明"计划。

把想到的词汇不断地写下来，顺手将它们互相组合起来，以此获得发明的灵感。这便是孙正义每天的功课。据说因为后来觉得用卡片麻烦，孙正义还自己用电脑设计了程序，自动将各种词汇排列组合，即"想法相乘"。

每当我在讲座中介绍这一"想法相乘"法时，总有人会说，"可我想不到那些能代表当下趋势的关键词"。

没关系。没必要自己想。

只要擅长利用世间既有的信息即可。

网络、杂志、报纸等新闻媒体上总是会聚集各种各样的关于当下趋势的信息，只要借鉴它们即可。

其中最具代表性的就是《日经TRENDY》杂志的"热门预测排行榜"以及SMBC Consulting发布的"热销产品榜（番付）"。只要在网上检索相关关键词，就能获取到最新的信息。

比如，2019年"热门预测排行榜"的前三名就分别是超低价且高性能服装"WORKMANPlus与DECATHLON""新年号热"以及首次登陆日本的"诚品书店"。

其中，"新年号"对于任何一个企业来说都很容易与自家的产品、服务组合起来。

《日经TRENDY》的这一"热门预测排行榜"会在每年的11月发布，如果2018年11月就能想到用"想法相乘"得出"新年号×自家商品"，说不定就能赶在2019年5月正式更改年号时发售新产品。

SMBC Consulting "热销产品榜（番付）"名称中的"番付"来自日本相扑比赛。为此，排行榜的形式也类似相扑，会从日本各类事物中分别选出前六名。

2018年的"西横纲"为"大坂直美·大谷翔平"，"东横纲"则为"诺贝尔医学生理学奖"。虽然两边榜首分别是人名与世界级新闻，但榜单中也出现了"电子竞技""电子支付的加速""AI聊天机器人""强刺激食品"等词汇。这些词汇要是能与现有商品结合起来，也会诞生很多很有意思的组合。

这样的排行榜之所以用起来很方便，是因为把大趋势都概括为关键词了。

刚才介绍的《日经TRENDY》"热门预测排行榜"的第一名虽为服装品牌的名称，但它也用关键词解释了为什么"WORKMANPlus与DECATHLON"能成为热门——"超低价且高性能"。

■ 2018 年"热销产品榜（番付）"（SMBC Consulting）

东		西
诺贝尔医学生理学奖	横纲	"大坂直美·大谷翔平"
人生100年时代	大关	平昌奥林匹克·FIFA世界杯
电子竞技	关胁	敢 第100届全国高中棒球锦标赛
工作方式改革	小结	安室奈美惠
次时代出行服务	前头1	AI聊天机器人
电子支付的加速	前头2	Live经济
殊 Chico Will Scold You!	前头3	2025年大阪·关西世博会（NHK综艺节目）
从筑地市场至丰洲市场	前头4	技 POCKETALK
虚拟YouTuber	前头5	强刺激食品
Nintendo Labo	前头6	日本桥重修

殊 特别奖　　敢 敢斗奖　　技 技能奖

资料来源：SMBC Consulting 官方主页

SMB Consulting的"热销产品榜（番付）"也是一样，对于强碳酸

SQM思考法则
跟孙正义学商业创新

饮料与高度酒（烧酒加苏打水调制的饮品）、蒙古汤面中本（辣味拉面）的热销，SMBC Consulting将其概括为关键词"强刺激食品"。

"WORKMAN"这一企业名固然无法用到相乘法则里，但"强刺激食品"却能使用。且比起"蒙古汤面"这一单一商品名，"强刺激产品"则更适合用于想法相乘，更能帮助我们发散思维。

像这样，如果能用好类似的趋势排行榜，不仅能帮助我们省去单一查找的时间，还能免去我们总结关键词时类似"这些产品的共通之处在哪呢?"的思考过程。

当然，能为我们所用的不仅是日本的信息。

如果会一点儿英语，就一定要充分利用全球的信息。

经济类杂志*Forbes*的英文主页上每年都会公布"值得关注的初创企业榜单"（These Are The Startups You Should Watch）。

以2019年版为例，其中介绍了Globechain（领英公司）的B2B（商家对商家）废物利用业务。对于那些不再需要的办公区设备、零售店设备，物主可以在Globechain平台上为它们找到全球各地的需求方。

通过这样的介绍，我们就可以知道，"国外现在好像正流行'B2B Reuse'这一关键词"。由此，"B2B Reuse"也可以被我们用到"想法相乘"表里。

如果要想知道欧洲的趋势，参考*WIRED*英国版（科技、文化信息门户）发布的"欧洲最热门的100家初创企业榜单"（Europe's 100 Hottest Startups）便能起到帮助。

在2018年版中，该榜单介绍了一家名为Anyfin的企业。只要用户将自身贷款的明细通过照片发送过去，它就能提示"更划算的贷款方案"，告诉用户新的贷款方信息。

这样一来，大家就可以想到，"在欧洲，'with a photograph（只要拍一张照）'好像正在成为一种趋势"，由此也将其加入想法相乘的对象词汇里。

孙正义一直以来也在实践这样一种"时间机器经营"的方式——先人一步地将国外成功的商业模式与服务带入日本国内，由此大获成功。其中，最具代表性的便是搜索引擎Yahoo!与智能手机iPhone。

为了能开启日本谁都还没着手的新业务、瞬间成为行业第一，请大家一定要积极地收集、利用国外信息。

■ 国外引人瞩目的初创企业信息也对我们十分有益

经济类杂志*Forbes*的英文版主页上每年都会公布"值得关注的初创企业榜单"（These Are The Startups You Should Watch）。

WIRED（科技、文化信息门户）的英国版每年都会发布"欧洲最热门的100家初创企业榜单（Europe's 100 Hottest Startups）"。

资料来源：*WIREDUK* 版官方主页

像这样，只要能用好"想法相乘"，我们就能获得大量的点子。

而想要获得好的点子，基数大小则十分关键。

在前文中我也提到了，新业务的成功概率应以"多产多死"为前提。作为其根基的想法也是一样，同样符合"鲑鱼卵理论"。

相比把所有的胜算都压在唯一的一个想法上，以"会失算"为前提，通过验证选出其中胜算较大的想法进行商业化才能提高胜率。

为了最后能打造出"赢得了的生意"，请"尽早、尽多"地思考出商业想法。

方法2　使用疑问清单

对于一切从零开始的初创企业，我毫不犹豫地会推荐"想法相乘"法。但是，有时候一些企业需要的可能只是对现有产品、服务进行改善，在此基础上拓展新的业务线。

此时，更有帮助的便是"疑问清单"法。

这指的是围绕着眼前的课题列出许多"如果这样做会怎么样？"的问题，以"问和答"的形式发散思维，引发新的思考。

首先需要列出的是比较模糊的模板式疑问。比如，"这可以应用到其他领域吗？""这可以借鉴其他领域吗？""这可以大规模地做吗？""这可以小规模地做吗？""还有没有其他替代方案？"

根据这些模板式疑问，我们可以进一步细化。比如从"这可以应用到其他领域吗？"出发，我们可以追问"可以做成B2B模式吗？""可以做成B2C模式吗？""可以应用到其他行业吗？"

从"这可以大规模地做吗？"出发，我们可以追问"可以提高价格吗？""可以把规模做到现在的五倍吗？""如果追加一些投资呢？"而从"这可以小规模地做吗？"出发，我们又可以追问"如果调低价格呢？""如果把服务规模缩小到原来的五分之一呢？""如果把成本降到原来的十分之一呢？"等。

如果说"想法相乘"法利用的是代表当下新趋势的关键词，"疑问清单"法则是围绕着商界经典的关键词进行提问。

在下文中，我为大家准备了一份"疑问清单"的参考例。当然，其中的问题也只是可列出的千千万万问题中的一例。大家可以根据自身公司的模式、行业，以及参考过去的成功案例进行修改。

■ 疑问清单

主题模板	问题	回答
这可以应用到其他领域吗?	可以做成 B2B 模式吗?	
	可以做成 B2C 模式吗?	
	可以应用到其他行业吗?	
这可以借鉴其他领域吗?	有没有相似市场的案例?	
	有没有相关海外案例?	
	有没有相关过往案例?	
可以更改吗?	规则等条件可以更改吗?	
	如果自动化之后呢?	
	人员和公司可以调整吗?	
这可以大规模地做吗?	可以提高价格吗?	
	可以把规模做到现在的五倍大吗?	
	如果追加一些投资呢?	
这可以小规模地做吗?	如果调低价格呢?	
	如果把服务规模缩小到原来的五分之一呢?	
	如果把成本降到原来的十分之一呢?	
还有没有其他替代方案?	现有的组织、业务流程呢?	
	现有的零件、系统呢?	
	可以外包给其他公司吗?	
可以重新配置吗?	可以改变布局吗?	
	可以变成其他组织、业务流程吗?	
	可以改变标准重新配置吗?	
可以反着来吗?	可以将业务流程反过来吗?	
	可以将目标反过来吗?	
	可以将策划反过来吗?	
可以连接别的吗?	可以打包成一个套装吗?	
	可以和其他项目组合并吗？	
	可以和其他什么配合吗?	

如果没有想到相应答案，可以先空着

对于列出的这些问题，大家可以把相对应的答案写在回答栏里。

比如，对于饮料行业的人来说，就可以思考，现在售卖的罐装咖啡"可以做成现在的五倍装吗？""可以做成现在的五分之一装吗？"

最近在日本，瓶装大容量的咖啡饮品就非常受欢迎。像这样的新商品完全可以通过"可以做大吗？"这一疑问得出灵感。

尤其是对于那些已有自身商品、服务的咖啡饮品厂家，员工们难免都会被"咖啡饮品就是这样的"的固定思维限制住，难以拥有更灵活的发散性思维。

在这种时候，一定要善于利用"疑问清单"，以此来打破既有的思维观念。一旦有了更灵活、更发散的思维，更多想法就一定会涌现。

方法3 利用三级跳表

新产品、服务以及新业务的诞生，有时也会从主题出发。

比如公司或者上司会给你下指示，"快想一个适合双方都工作的父母带孩子用的App出来！""快研发一个老年人想买的保健产品！"。

此时，能用上的便是"单脚跳、跨步跳、跳跃"之三级跳法。

在有了方向但还没有具体想法的阶段，"单脚跳、跨步跳、跳跃"之三级跳工作表可以帮助我们实现想法的具体化。

在第一阶段即"单脚跳"阶段，我们要做的实际上只是写下当前热门的类似案例。

如果主题是"新甜品"，那我们就可以写下"珍珠奶茶""巴斯芝"等热词。

有些读者可能不知道"巴斯芝"是什么，它指的是位于西班牙与法国边境交界处的巴斯克地区的芝士蛋糕。日本便利店罗森将其作为商品发售后，短短3天就突破了100万的惊人销售量。

那么，"珍珠奶茶"与"巴斯芝"背后共通的概念又是什么呢？这样一来，大家就可以得出"它们都是来自日本之外、拥有奇妙口感的甜品"的结论。

"珍珠"软软糯糯的口感深受年轻女性的追捧，而"巴斯芝"又突破了单纯的软糯，甚至达到了黏稠的独特口感。同时，前者来自中国台湾，后者来自欧洲的巴斯克地区。

■ "单脚跳、跨步跳、跳跃"之三级跳表

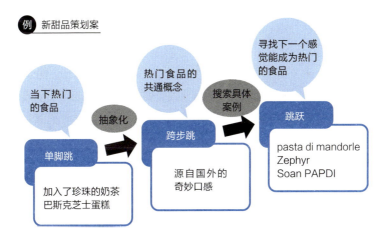

例 新甜品策划案

这些特征概括起来便是"来自日本之外、拥有奇妙口感的甜品"。

这便进入了第二阶段即"跨步跳"阶段。这一阶段指的是将类似案例概念化。

如果能将概念用语言表达出来，接下来就都很简单了。

大家可以通过关键词"国外""奇妙口感""甜品"在网上进行搜索。

这样一来网页上就会跳出世界各地热门的甜品。

比如，意大利西西里岛有一种传统甜品叫"pasta di mandorle"，看起来类似曲奇饼干，但实际上因为用的是杏仁粉而并非小麦粉，整体口感更加软糯。

再比如，头脑中可能还会跳出俄罗斯的小点心"Zephyr"，其口感介于棉花糖与果冻之间。而印度则会有"Soan PAPDI"，看起来松松软软，实际上入口即化。

像这样，一旦实现了概念化，接下来就能找到一个接一个符合该概念的具体案例。这部分内容便可以写进第三阶段的"跳跃"。

大家觉得这个方法怎么样?

你看，这么一会儿我们就写出了这么多感觉会火的"新甜品"。

如果我们能实现这些甜品在日本的商品化，它们很大概率能像珍珠奶茶、巴斯芝一样掀起一股热潮。

在这样以主题为核心的场景下，抽象化这一环节至关重要。

刚才给大家介绍的"想法相乘"主要是利用现有的关键词，"珍珠奶茶""巴斯芝"等个别热门产品，虽然可以写进"想法相乘表"

左边的关键词栏，但是它们却无法上升到概念级别。

生产绿茶饮品的公司如果用自家产品乘以"珍珠"，就会得出"加珍珠的抹茶饮品"等想法。事实上，我们也可以看到有的店已经在贩卖这种加了珍珠的抹茶饮品，且店门前经常会排起长队。

所以说，作为思考的契机，"想法相乘"十分有益。但是如果要进一步打磨想法，将其落实到崭新、具体的商业计划，"单脚跳、跨步跳、跳跃"三级跳法将更有帮助。

当然，我并不是在评判两种方法的孰优孰劣，因为两者可谓是各有所长，需要区分使用——想发散思维、获得尽可能多的想法时可用"想法相乘"，基于主题需要落实到具体产品、服务时则推荐"单脚跳、跨步跳、跳跃"三级跳法。

方法4 设计三角形表

在思考新产品、服务时，有时候企业已经在一定程度上明确了目标与需求。

比如，"最近消费者的偏好变成了这样""以前购买我们商品的往往是年轻消费者，现在更多的是中老年消费群体"，企业已经获得了一些思考的线索。

而能进一步帮助我们把这些线索联系起来得出新想法的便是"三角形表"。

正如名称所表示的含义，这张表里会有一个将三个内容框连起来的三角形。

在每条连接线的上方有一个椭圆，大家需要在里面写下连接线两端内容的共通点。

在此基础上便可以具体地思考、设计新产品与服务。

比如我们现在要设计一款新的咖啡饮品。

近来，罐装咖啡似乎不再受到人们的追捧。大家也都知道，"这是因为喝咖啡的场景相比以往发生了变化"。

以往，罐装冰咖啡的消费群体主要是从事体力活儿的蓝领和需要整天在外跑的销售。大多情况下，他们会在短暂的休息时间里（在自动贩卖机前）站着一口气喝完冰咖啡，然后继续回到工作岗位上。

而今，很多在办公楼里工作的白领也开始需要"在工作时间里喝上一些咖啡"。

那么，这种情况下的关键词是什么呢？

对于蓝领来说，工作时间与休息时间的划分总是相对明确的，而白领则是经常在工位上一边工作一边喝咖啡。

此时，相比能一口气喝完的少量咖啡，白领们需要的则是更大容量的咖啡饮品。

于是，在"三角形表"的第一个内容框内，我们可以首先写下"大容量"。

其次，如果是大量饮用，我们就应避免味道过重。如果是过甜过腻，大家一会儿就喝不下去了。而如果是黑咖啡等刺激性强的品类，过多饮用甚至还会引起腹痛。

由此，在第二个内容框里，我们便可写下"容易入口"。

填好了"大容量""容易入口"这两项内容，接下来让我们一起想想什么样的东西能将它们结合起来呢？

如果是咖啡饮品的话，大家就会想到，"加入了牛奶的淡拿铁就可以同时包含这两项内容"。由此，连接线的椭圆里就可以填进"拿铁、淡味"。

同时，如果是长时间饮用，中途要是洒出来就不好了。尤其是在办公桌上，洒出来的咖啡很可能会损坏重要文件、电脑。

由此，第三个框里我们就可以填上"长时间饮用、避免洒出"。

这一内容又该如何与"大容量"相连呢？

这样一想，我们就能得出"如果是塑料瓶装或者纸盒装，不仅能实现大容量还能避免洒出"。由此就可以在连接线上写下"塑料瓶装或者纸盒装"。

进一步，"长时间饮用、避免洒出"与"容易入口"又能有怎样的联系呢？答案就是"每喝完一口就能盖上盖子"。由此，在第三条连接线上，我们可以写下"盖装"。

这样一来，三角形表就完成了。我们也可以由此得出，满足目标群体与消费者需求的咖啡饮品是"拿铁、淡味""塑料瓶装或者纸盒装""盖装"的。

而因为纸盒装往往难以安装盖子，此时剩下的便只有"塑料瓶装"了。

综上，我们便得出了"塑料瓶装的咖啡拿铁"这一选项。

相信大家也已经意识到了，这整个过程正是对现在热卖的"瓶装咖啡"的推导分析。

虽然不知道这个想法当初具体是如何成型的，但可以认为，负责产品策划的人的思路大概与上述十分接近。

■ 三角形表

例 新咖啡饮品

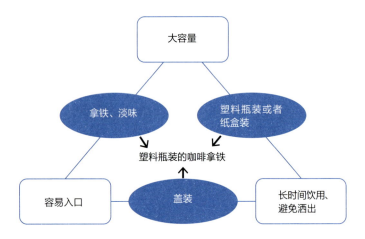

总而言之，在目标与需求相对已经明确的情况下，"三角形表"可以很好地帮助我们实现产品、服务样式、条件的具体化。

有时候可能也会遇到出现了三个以上的关键词的情况，此时，只要把上图改为四边形、五边形即可。

以上就是能帮助我们大量获得新想法的四大方法。大家觉得怎么样？

有没有觉得"如果是这样的话，那我确实也可以"？

像这样，即使不依靠判断力和灵感，我们也能获得大量的想法。

相比于坐在办公桌前苦思冥想地浪费时间，赶紧准备好纸和笔动起手来吧。

通过以上的方法，我们可以得出相应的好想法了。

接下来便是最后一步，乘法。

这里我们要乘上的就是在第1章中介绍的三大关键词——"平台""会员制""定制化"。

虽然有了好的想法，但如果我们只是按照传统的"物件单位买断型"模式进行销售，那还是很难在SQM时代中孕育出"赢得了的生意"。

这里便需要用到SQM时代的必胜法则——将想法打造为"体验单位LTV型"商业模式。

以下我将通过一个具体案例为大家进行说明。

一位参与了我的讲座、了解了"想法相乘"法的听众想到了一个很有意思的点子。

他用的关键词是"突然"（IKINARI）。

相信大家都知道，餐饮行业的"IKINARI STEAK"最近特别火爆（顾客能以相对优惠的价格品尝到好的牛排，由此牛排也成了可以"突然决定"去吃的选择）。他将这个关键词与自己的工作"上蜡"结合在了一下，想到了"突然（IKINARI）上蜡"这个新项目。

很多人都会有给家里的地板上蜡的需求，但如果要请人来做，每次都还得经历"上门评测，施工方报价"的环节。

尤其是在繁忙期，用户总是很难与施工方约上时间，而且包括上门评测环境，前后至少得请人来两趟。直白地说，这对用户来说十分麻烦。所以，很多人最后也就选择了"空下来的时候自己做吧。"

但是，那名听众通过"突然（IKINARI）"ד上蜡"获得了灵感，心想"直接去那些潜在客户较多的地区上门拜访，当场评测、报价，当场施工感觉会是一个成功的商业模式。"

"突然（IKINARI）上蜡"不仅名称响亮，业务内容感觉也十分有趣。

但问题就在，这位听众得出的最终还是一个买断型的服务模式——"施工完也就结束了"。

为此，我给他提的建议就是，"再做一次乘法，这次乘上'平台'和'会员制'"。

以"突然（IKINARI）上蜡×平台"为例，我们马上就可以进一步得出一些具体的策略——建一个网站，将"想要跳过评测直接给地板上蜡的人"与"马上能上门服务的施工方"进行匹配，或是做成加盟店形式，让顾客在有需求的时候立马能享受到服务。这些都比一家家上门推销的方式要好得多。

而如果是"突然（IKINARI）上蜡×会员制"，相比于每次结算，我们则可以设定成"三个月可享受一次上蜡服务的定额套餐"模式。

如果能做到这一步，通过"想法相乘"得出的想法就能进一步提升为"体验单位LTV型"商业模式。

很多人可能会觉得，"我们公司的产品怕是跟平台、会员制都无缘了"。但只要试一试"想法相乘",他们就能发现自己之前的想法不过是"成见"。

比如刚才介绍的"瓶装咖啡"如果能乘上"会员制",我们就能设计出"面向本楼层公司员工的定额制瓶装咖啡不限量饮用套餐"。且如果不仅限于自家商品,套餐内容甚至可以是"办公室小零食+瓶装咖啡"。

通过乘上"平台""会员制""定制化"这三大"SQM时代"的关键词,我们将能进一步提升想法的高度。

必胜法则 2 借助他人力量打磨商业计划

在"想法相乘"等思考阶段,很多事一个人就可以完成。

要想开启一项新业务,从这里起步即可。

但是在这一阶段获得的说到底也只是一个想法,可以说只是新业务的一颗种子。

为了能真正将其实现,我们需要思考很多现实问题、制订出周密的商业计划——"我们公司真的可以把它做起来吗?""如果真的想要将其实现,需要什么样的方法呢?"

所以接下来,"单枪匹马"怕是不行了。

要想提高商业计划的成功率,其中一大秘诀便是善于借助他人力量,充分利用世间所有的智慧与信息。

很多人可能会认为孙正义是什么事都能自己一个人做成的天才经

营者，但事实正好相反。天才仍是天才，但孙正义其实是一个"擅长借助他人力量"的天才。

在商业计划的制订阶段，他从不会把自己关在社长室里独自苦思冥想。相反，他会从早到晚不停地开会，和不同的人交流，从他们那里获取经验、意见，在此基础上将自身的计划打磨到"这样的话就一定能赢"的阶段。

而孙正义之所以会毫不犹豫地寻求他人帮助，正是因为他深知，"个人思考能到达的深度、广度"说到底还是有限的。

孙正义会议沟通术

那么，孙正义具体是怎样借助他人力量打磨自己的商业计划的呢？接下来，我将为大家介绍一下"孙正义会议沟通术"。

（1）将对方放在讨论的对立面

每当孙正义有了一个想法，他最先做的就是"打壁球"。

这个名称是我在软银做社长室室长时期悄悄取的。"打壁球"就是说，将对方放在讨论的对立面。

大多时候，孙正义都会把我们这些社长室的成员当成对手。

那时候，我们在工作期间总会突然被孙正义叫去，"过来一下""我现在有这样一个想法，你们觉得怎么样？"就这样毫无准备地参与进讨论。

而且孙正义抛出来的往往还都是一些荒唐无稽的方案，在我们看来都是"怎么可能实现"。

但又总不能什么都不说，所以我们也会回应他，"这在法律上能行吗？""这从财务方面来说大概不行吧？"

然后孙正义又会追问，"那如果这样做呢？""也可以这样想，对吧？"然后我们又接着反驳，如此循环往复。

孙正义打一个球过来，我们就成了将球弹回去的墙壁，这也是为什么我称这种方式为"打壁球"。

因为有时候是突然就会开始讨论，我们这边也无法做任何准备与事前的调查。

即使如此，这一"击球""弹球"的过程对孙正义来说还是意义重大。

因为"弹回去的球"有时会偏离他预想的轨迹，也有的会是速度很快的"高速球"，借此孙正义可以整理自己的论点，"原来还应该把这点也考虑进去"。这便是"打壁球"的好处。

（2）邀请专家参与讨论

论点整理完后，接下来要做的便是"邀请专家参与讨论"。

因为整理出来的论点中，有些是光靠孙正义与社长室成员对话也得不出答案的内容。

为此就需要请来相关领域的专家。

法律相关的就邀请来法务，会计相关的就邀请来财务，技术相关的就邀请来研发，有时甚至还会邀请软银外部的顾问律师、税务师、会计师前来参与研讨。

社长室的成员作为"球壁"时，内容本身并不重要，这一交互即具有意义。但到了专家研讨环节就需要有更具体的答案了。孙正义会坚持不懈地打出球"这怎么样?""这能行吗?"充分地调用对方的智慧与信息。

毫无夸张地说就是,"借用他人力量时千万不要有顾虑"。而是要不厌其烦地"让对方提出自己所有的洞见"。

就这样,不断地找来新的人进行讨论,有的时候甚至是一天连着12个小时都在开会。由此可知孙正义是多么重视这一"打壁球"环节。

当商业计划有了一定眉目之后,销售团队也会参与到"打壁球"环节中。

"这样一个产品应该能做出来,你们觉得卖得出去吗?""用什么样的方法才能把它卖出去",像这样把"球"抛给销售,销售们也会相应地把"球"弹回来,"如果通过我们的代理商的话应该能卖出去这么多"。

这样一来,销售额和价格也在一定程度上可以敲定了。

在这一阶段,孙正义那些荒诞无稽的想法通过整合进专家们的智慧与信息逐渐成形,不断接近可实施的阶段。

此外,孙正义每次也都会把所有内容都写到白板上。每天结束时,他会让我"把这些内容整理成幻灯片",然后我会在第二天早上之前完成。

第二天,孙正义又会邀请新一批专家开始新一轮的"打壁球"。虽然参会的人员发生了变化,但是由于前一天的内容可以通过幻灯片分享给大家,每次都可以在前一天的基础上进行进一步的深入讨论。

由于新项目的启动总是需要很多人的共同参与,信息共享自然也就是必须的。

如果不能做到这一点，每次参会人员改变又得重复同一讨论，好不容易想到的好点子在某个环节被遗漏等浪费时间的事情便会发生。将每天的讨论积累下来，每一天都站在一个新的起点上开始对话，这便是快速深入讨论的秘诀。

（3）从企业外部调配资源

光靠公司内部的员工做不成新项目。

企业需要根据需求从外部调配资金、人才以及技术。

所以，接下来我们要做的便是邀请外部人员参会。

比如，如果是融资相关的内容，我们就会邀请投行的人。由于软银对于他们来说是潜在的客户，每次对方都会整理好最新的市场信息与金融技术内容，做成厚厚一叠的报告向我们提案。

而且每次孙正义都不会只和一家见面，而是会分别邀请来三家，一边读他们各自的报告，一边大量吸取知识与信息。因为可以获得不止一家的信息输入，孙正义可以借此提出更加具体的问题，"那家投行是这么说的，真的吗？""你们和他们得出的数字有一定的偏差，这偏差是哪来的？"由此进一步获得深入的知识与信息。

像这样，每次听完三家投行的提案之后，孙正义几乎就可以说是已经获得了不输给投行提案人员的金融知识了。

除了融资信息，如果是想进一步了解技术内容或者营销内容，我们则会分别邀请来系统开发商、设备提供商和广告代理商、广告制作公司，以同样的方式不断吸取专业知识与信息。

而孙正义的过人之处就在于，他可以在这一阶段就说服对方为这一项目做出贡献。

比如，对方如果是代理商，在回答了孙正义提出的"这个价格的话你们能卖多少出去"的问题之后，孙正义就会说"如果真能卖这么多，我就把这约跟你们签了"，让对方始终保持参与感。对方也就觉得今天这会不是在讨论某个假设，而是会基于自己真的要开始卖来进行问答，由此也会给出更准确、实际的数值估计。

这样一来，每次讨论的内容的可信度也会不断提高。

然后这些内容也同样会被记在白板上，当天晚上被整理成幻灯片，由此不断更新下去。换句话说，孙正义每次开完会，他人的经验、知识、信息就会被积累到软银的幻灯片中。

这样一来，孙正义便可以将数十人、数百人的智慧凝聚到自己的商业计划之中。

孙正义深知，如果能借助他人的力量，就能获得一个比自己独自一人完成成功率高几十倍、几百倍的商业计划。

（4）寻找合作方

当整个商业计划基本成型之后，我们又有了另一件事可以做，那就是寻找合作方。

对于自创立软银一来就先人一步拥有SQM思考方式的孙正义来说，事业并不是独自一方能成就的。为了能实时地提供满足社会需求的商品、服务，我们需要超出自身组织框架，寻找合作伙伴，由此实现用户利益的最大化。

为此，孙正义接下来要做的便是带着自己的商业计划去向潜在合作对象提案。

"如果要做这件事，我们需要与微软合作""如果是这个项目，我们应该找ORIX公司加入"，像这样，接下来便是与对方企业的管理层会面。

就像我在前文中提到的，软银的提案书并不是假说、预测的堆积，而都是"这个价格的话就可以卖这么多"的高可信度的"断定"。也正因孙正义可以展示这样一份翔实可信的资料，对方自然也没有理由拒绝了。

于是，眨眼间就谈好了合作方，接下来就是对外公开发布了。

（5）每三个月就开拓一项新业务

每次新业务起步时，孙正义最先做的一件事就是决定"对外发布"的日期。

在此基础上进行整个项目的排期。

也就是说，孙正义总是会事先决定好"雷打不动"的最后期限。且相比于其他公司，孙正义给自己设定的期限总是更短。

为此，包括合作方、相关公司在内的所有项目成员都会根据项目最后期限来倒数自己在每个时间点应该完成什么，由此全力以赴。

而且孙正义在商业计划的制订阶段就会让参会人员意识到信息交换的前提都是正式参与，所以大家也事先就十分清楚自己应该做什么、软银需要他们做什么。

这些也就是为什么软银能够以超出平常几倍的速度运转新项目。

我还在软银工作的时期，软银基本每三个月就能启动一个新项目。而这新项目高速运转、更新的背后，正是孙正义独特的会议沟通术。

且每一个新项目的敲定、启动，都会让孙正义多一分作为经营者的自信与力量。

相信在新闻上看过孙正义参与的新品发布会、软银决算发布会的人都知道，孙正义每次的发言都充满了自信，且对于任何问题都能沉着冷静地作答。相较于孙正义全程都是由自己进行说明，在其他公司的发布会上，我们可以看到企业高层大多只负责最开始的致辞环节，之后往往都是"接下来将由技术部长进行说明"，把所有内容都抛给中层干部。

而孙正义之所以能如此自信、沉着地应付完全场发布会，正是因为他在之前的会议过程中充分地借助了他人的力量，吸收了他人的智慧与信息。

每天"打壁球"，一边不断借助他人的力量，一边不断将其转换为自己的力量——毫不夸张地说，孙正义得以在日本企业的经营者中脱颖而出的理由正是在于这日复一日的内外会议。

毫无疑问，"孙正义的会议沟通术"我们也都可以模仿。

首先就从与周围人"打壁球"开始吧。有了一个好的开头，再不断把这"打壁球"的范围扩大开来。

从以团队内部成员为对象到其他部门成员、再到公司外部人员，随着范围的不断扩大，我们便能由此聚集更多的智慧与信息，进而制订出更容易成功的商业计划。

越是至今为止都在以自家产品为中心思考的读者，越是需要积极地与更多人"打壁球"。这样一来，大家的视野便能在不知不觉中得以拓宽，自己的思考方式也能从"全公司"上升到"全社会"。

如何让大家踊跃发言

相信大家都已经理解了，借助他人力量的最佳方式就是邀请他人参加会议。

但话说回来，开会也并不是一件"只要开了就行"的事。

如果想要借助他人的力量，就要做好能让他人透露出自身智慧与想法的功课。

相信好多人都会有这样的经历，好不容易把大家邀请来一起开会，结果谁都不主动发表观点，讨论完全进行不下去。

为什么会发生这样的情况，就是因为大家都不想背负风险。

如果自己的提案没能获得成功，就得被迫背负责任。出于这一顾虑，谁也不愿意开口。

那么，如何才能让大家踊跃发言呢？

如果想要知道答案，大家可以参考一下孙正义是怎么做的。

刚才在介绍"打壁球"时，我提到，"孙正义提出来的都是荒唐无稽的内容"。事实也真的如此，孙正义会把那些在我们看来"怎么想预算都不够""怎么做都绝对会招来投诉"的想法也都一股脑抛给我们。

但这样一种方式，其实是让他人更好地表达出自身想法的一个重要技巧。

会议上最高职位、领导地位的人最初提出的如果是一个"漏洞百出"的观点，其他人就会想，"不不不，这个想法也太差劲了，其任何观点都会比这个好吧"。

这样一来，大家就会更有自信地提出，"那是否还不如这样做？"

在讨论"Yahoo！BB"的促销活动时，孙正义也是突然提出，"要不就给在路上随便遇见的人免费发模型机吧"。

于是，在场的所有人都开始心想，"不不不，其他任何方案都比'随机送人'好吧"，于是便相继提出了自己的意见，"如果是这样的话，还不如考虑和家电城合作，推出一个服务？""要不试试电话营销？"

我将孙正义的这种做法称为"要不就麦当劳吧"。

和同事聚餐时，问大家想吃什么，大家往往会因为上下级关系回答"什么都可以"。

这时，如果上司开口说"要不就麦当劳吧"，下属们就会想"不不不，其他什么店都会比麦当劳好吧"。于是便更容易说出自己的想法，"这样的话，我们要不还是去吃中餐吧。我知道一家好吃的中餐店。"

大家也可以试着利用这一法则，在会议上说一说，"要不就麦当劳吧"。这一方法不仅适用于上下级关系的会议，同时也适用于同级别成员难以表达自己意见的任何场合。

故意提一个很差劲的方案，接下来大家一定会就此展开新的讨论。

在便利贴上写下自己的想法

除了"要不就麦当劳吧"，还有一个方法能帮助我们从参会者那里获取想法。

那就是让大家在便利贴上把自己的想法写下来。

我还在软银工作的时候，每次开项目启动会，我一定会给大家发便利贴，让大家写下"为了达成目标应该做的事是什么"。

因为日本人大多比较内向，往往不会主动发言。参会人员互相不认识的会议更是如此。此外，如果有董事会成员、前辈们在场，年轻职员也会有很多顾虑，不敢轻易发言。

但不可思议的是，如果告诉大家，"请把想法在纸上写下来"，大家就会齐刷刷地拿起笔来。我一般会给每个人发30张便利贴，而因为日本人大多都很认真，拿了那么多便利贴，每个人都会拼命思考，尽可能地多写几个点子。

接下来便是把大家写好的便利贴都收起来，贴到白板上。一边整理思路，一边移动每张便利贴的位置。"这张是关于交货期的""这张是关于预算管理问题的"，像这样把类似的意见都放到一起，完成整个项目所需的整体流程也就明朗了。

这样一来，一眨眼的工夫就能把所有要做的事都整理出来。

之后只要把任务分出去、决定好排期，项目就能正式启动了。

在变化剧烈的当今时代，想法的诞生也是速度定胜负。互相察言观色、等待发言时机只是浪费时间。

为了能"尽早、尽量多"地借助团队成员的力量，请一定多用用便利贴吧。

必胜法则 3 制定高速成长的具体战略

商业计划完成后，接下来便需要制定能使其高速成长的具体战略。

我在第2章中也提到了，今后如果要开拓新业务，最终的目标应在于"终生价值（LTV）的最大化"。

让每一个顾客都能尽可能长时间地利用自身的产品、服务，实现他能带来的价值的最大化——这便是持续创造利润的不可或缺的视角。

软银的"三次元经营模式"

在软银，已经形成了一种"能赢模式"。

这便是通过创立许许多多的新项目、将它们打造成LTV大生意的经验积累得出的战略。我将其称为"软银的三次元经营模式"。

企业的长期销售额可以通过"顾客数 × 平均购买单价 × 留存期间"计算出。其中，"留存期间"指的是顾客持续购买产品、服务的时间。

为此，销售额减去成本得出的营业利润便可表达为以下公式。

营业利润＝（顾客数×平均购买单价×留存期间）－（顾客获取成本+顾客留存成本）

在软银，管理层会采取相应战略对上述公式中出现的五项内容进行阶段性的管控，以此实现LTV的最大化。

具体内容如下。

● **第一阶段：增加"顾客数"**
● **第二阶段：增加"平均购买单价"**
● **第三阶段：降低"顾客获取成本+顾客留存成本"**
● **第四阶段：增加"留存期间"**

（1）第一阶段

在一个新项目中，增加"顾客数"是首要任务。

正如我在第2章中介绍过，"迅速拿下第一"是软银的必胜模式之一。从项目初期开始就大量聚集顾客来促进网络外部性的发挥，由此进一步吸引顾客，形成良性循环。

尤其是在平台的场景下，如果无法实现用户成长，平台就无法发挥"场"的作用。

那么，怎样才能增加顾客数量呢？

答案便在于"提高品牌认知度"。

这也是为什么软银每次发布新产品、新服务，都会在大媒体上大张旗鼓地进行宣传。

不过，"提高品牌认知度"也不是指要大量拍摄电视广告。

软银采取的方式是提高发布内容本身的新闻价值，以此吸引电视、报纸的报道。这样一来，以记者发布会场地费左右的成本就能实现堪比电视广告般的宣传效果。

在"Yahoo！BB"产品的记者发布会上，软银宣布"ADSL月费990日元"这一惊人低价，其实也是为了提升内容本身的新闻价值。但如果算上模型机的租金与ISP利用费，整体费用将达到每月2 830日元。

也正是因为如此，电视、报纸争相报道了"Yahoo！BB"的新闻。一下子，软银就获得了日本网络用户无人不知、无人不晓的高知名度。

很多人或许都以为"软银因为钱多所以才能大张旗鼓地宣传"，其实仔细想来会发现，软银推出新服务的信息往往发布在报纸、网络新闻上。

此外，为了实现用户增长，软银甚至抱着赤字的决心采取了"免费"这一战略。

以"Yahoo！BB"为例，当时软银实施了"模型机免费租借"的促销活动。这指的是，如果用户的解约发生在服务开始后的两个月之内，就不会产生任何服务利用费。

而且，当时模型机的安装也是免费的。虽然很多懂网络的人完全可以自己设定，但一般人总会觉得"不太懂，感觉好麻烦啊，还是不用了吧"。为了降低大家的心理门槛，最有效的方法便是"免费"。

我在第2章中也提到过，"短期赤字什么的无所谓，LTV才是最重要的"才是软银的成长战略。

（2）第二阶段

顾客数提上来了，接下来便是提升"平均购买单价"的战略。

如果说第一阶段并不在乎是否赤字，从第二阶段开始就需要考虑提升平均购买单价，为实现盈余做准备了。

如果要提升平均购买单价，"附加服务战略"便十分有效。

这一内容我也在前文中提到过，即"平台"与"会员制"的最大特征就是用户很容易就能接受高附加价值化的附加服务。

通过这一特点提升平均购买单价，LTV便可以不断扩大。

"Yahoo！BB"当初也采取了这一战略。在开始提供这一服务的一年半后，软银开始将IP电话与无线LAN的二合一套餐作为附加服务发售。

包括各种费用在内，套餐月费为4 533日元。当时为了降低消费者的心理门槛，软银也开展了"新客户可享受最长两个月的免月费优惠"的促销活动。

在此之前，人们大多使用的都是有线网，只有让大家实际用上一次，消费者才能体验到无线LAN的方便快捷。为此，很多用户免费试用之后都继续订购了这一附加套餐。

由此，平均购买单价也由服务提供初期的2 000多日元上涨到了近乎原来两倍的4 000多日元。因为"顾客数×平均购买单价＝销售额"，如果能在第一、第二阶段实现"顾客数"与"平均购买单价"

的增长，销售额自然也能随之实现最大化。

很多企业都会在新业务成立后不久面临"销售额"上不去的烦恼。此时，不仅要提升顾客数，如果能制定战略将"平均购买单价"也提升上来，问题自然就解决了。

（3）第三阶段

销售额实现最大化后，接下来就进入了通过降低"顾客获取成本与顾客留存成本"以扩大利润的阶段。

正如我在第2章中介绍的，在"Yahoo！BB"刚成立时，软银投入了巨大的顾客获取成本，在日本全国各地大张旗鼓地开展了促销活动。当时软银连续四个财年都是赤字，几乎是持续投入这一成本投入到了能坚守的最后一刻。

为什么软银要花费如此大的成本来推广如此大规模的促销活动呢？这其实可以用"鲑鱼卵理论"与"DPCA"来解释。

以失败为前提对所有选项进行尝试，最后剩下来的一两个方案便是最优方案——正是基于这一理论，软银才一下签了几十家代理商，在日本各地数千个街头推广站点免费发起了模型机。

同时，因为当时并不知道什么样的促销手段最能吸引顾客，软银只能一一尝试。在"首先去实践"的原则下，软银得出"尽早、尽量多"地失败，在此过程中制定出更优的推广手段才是最好的办法。

换作其他公司，大家可能会想"先小规模的试一试，然后慢慢扩大规模"。但孙正义坚持的则是，"先大规模的一口气尝试，用数字去见证结果，借此找到最优方案"。因为他知道，这才是实现营业利润最大化的唯一方法。

正是凭借着孙正义的这一策略，软银一下子收集到了大量的"实际数据"，由此验证出了最有效的推广手段。在此基础上，软银将所有的资源都集中到最有效的推广手段上，由此大大降低了"顾客获取成本"。

与此同时，软银也通过提升客服中心的运营效率降低了"顾客留存成本"。

综合以上所有策略，软银实现了赤字转盈余，2005年度的营业利润达600亿日元、2006年度的营业利润更是飙升至2 700亿日元。

（4）第四阶段

实现了盈余、巩固了业务基础，接下来便需要聚焦到实现LTV最大化的最后一步——增加"留存期间"。

要想实现LTV的最大化，就必须要让每一位顾客尽可能长时间地利用自身的服务。

在软银，为了获取"留存期间"的实际数据，管理层记录、分析了不同贩售渠道、贩售方式的销售额。

这样一来，软银就能获得类似"在家电城购买了电视机与ADSL服务套餐的顾客留存时间很长"的实际数据。

通过这样一种持续的数据检测，便能区分出"留存时间长的顾客与留存时间短的顾客"。也这就意味着企业可以区分出"应该积极去争取的顾客与可以暂时不用跟进的顾客"。

面对留存时间长的顾客，即使投入顾客获取成本也能获得利润。但如果面对留存时间短的顾客，投入顾客获取成本只能造成赤字。

正如我在第2章中提到的，平均每位顾客的LTV可以通过下面这个公式得出。

①产品买断制

LTV =（平均购买单价 × 购买频率 × 留存时间）–（用户获取成本+用户留存成本）

②会员制

LTV =（用户年消费额 × 留存时间）–（用户获取成本+用户留存成本）

到了这第四阶段，计算LTV所需的数值全都有了，每位顾客的平均LTV也可以算出来了。

之后要做的便是持续检查LTV，将顾客获取成本不断集中投入到LTV更大的顾客群体中去。由此，"收益能像牛的口水一样源源不断的商业模式"便能长久地运转下去。

怎么样？

是不是没有想到看起来一下子就实现了巨大飞跃的软银实际上背后也有着十分缜密的战略规划。

当下软银正在大力推广的在线支付软件PayPay，实际上就处于"三次元经营模式"的"第一阶段"。

"100亿日元大家分""新注册用户将获得500日元"等充满冲击力的推广活动实际上就是为了提高品牌知名度，实现用户增长。而这也正是"初期赤字也没关系，使劲花钱把用户数量提升上来成为行业第一最重要"这一三次元经营模式的体现。

只靠制作出新的商业计划并不能帮助企业实现成长。行动缺乏战略指导也难以实现项目长期、稳定的盈利。

所以说，在商业计划完成后，请一定参考软银的三次元经营模式，好好制定战略，事先决定好接下来在哪一阶段要对哪一数值进行管控。

KPI的具体设定

在前文内容中，我介绍了根据项目阶段对5个数字进行阶段性管控的战略。

事实上，作为经营指标的KPI（Key Performance Indicator，关键绩效指标）也会根据项目的不同阶段发生变化，可将其划分为"追求增长"→"追求品质"→"追求利润"三大阶段。

首先，"追求增长"期指的是以扩大销售额为目标的时期。

在这一时期内，"新用户数量""用户获取单价"将成为核心指标。此外，有时也需要根据不同商业模式设定不同的KPI（关键绩效考核），比如共享出行服务需要将"注册司机人数"作为指标，在线交易平台需要以"商品交易总额（GMS）"等作为指标。

"数值"是扩大销售额的必要条件，为此，请将各业务的数值目标设定为KPI。

"追求品质"期指的是提升服务品质的时期。即使实现了用户增长，如果服务质量差强人意，好不容易获得的顾客也会相继离去。

为此，拍卖网站等会将"中标率""投标率"设定为KPI，努力提升这两个数值。而共享出行服务则会将"匹配率""派车时间"等作为KPI。

"追求利润"期则指的是扩大利润的时期。

此时"客单价""利润率"将成为主要指标。企业会通过提供附加服务来提升这两个指标。

在设定KPI时，重要的一点是不要打乱这三个时期的顺序。

经常会有很多企业一上来就把"追求利润"作为自身的KPI。

它们仅仅关注利润率，希望能优先避免赤字，但通过软银的三次元经营模式可知，最初一味追求利润反而会阻碍业务的高速成长。

通过Amazon的案例也可以看出"追求增长"→"追求品质"→"追求利润"这一顺序的重要性。

我在第2章中也提到过，Amazon在创立初期持续了将近十年的赤字，当时其经营方针可谓是与追求利润背道而驰。

首先是在书籍领域实现用户增长、扩大商品交易额。其次是增加商品品类、提高使用便捷性、提升服务质量。最后才到了通过"Amazon Prime"这一附加服务提升客单价、利润率的阶段。

由此看来，Amazon确实可谓是"追求增长"→"追求品质"→"追求利润"的最佳范本。

在KPI的具体设定过程中，还请大家同时参考三次元经营管理模型，注意三大时期的顺序，根据自身业务内容调整指标设定。

稻草战略

对于只了解软银现状的人来说，他们大多会认为"软银是因为一开始就有钱所以才能做到这么大的规模"。

但实际上在不久前，软银也只不过是无数初创企业之中平平无奇的一家。

即使是在"Yahoo！BB"业务创立时，项目成员除了孙正义之外也只有我和其他两位年轻人。我们的办公室也只是在东京一幢毫不起眼的旧楼里。

而且就在那之前还赶上了IT泡沫的破裂，软银的股价一下子暴跌到市值的百分之一。所以完全可以说是，要钱没钱，要人手没人手。

但就在那三年后，软银收购了日本Telecom（电信运营公司）。紧接着第二年又以1.75万亿日元收购了Vodafone（沃达丰）日本分公司，作为通信运营商一下子拓展了自己的事业版图。

而软银能够实现如此惊人的成长，正是因为它的"稻草战略"。

相信大家都听过稻草老人的故事。一位贫穷的老人从用稻草换橘子开始，一步步换到了上等的和服、换到马，最后换到了一所大院子，成为一个富翁。

从手边乍一看似乎毫不值钱的东西开始，通过不断交换提升所持之物的价值，最终获得真正想要的东西——这一稻草战略实际上也适用于商业场景。

正如我在之前提到的，软银在涉足ADSL之前，人们都认为那只是一个细分市场，谁都觉得"那种生意发不了财"。

换句话说，当时的ADSL业务只不过是一根"稻草"。

但是，软银一举拿下了这个细分领域，成为该领域的第一，且当时获得的用户数突破了500万人。

孙正义以这一成绩为筹码，交换来了"日本Telecom"。

"在软银有500万用户，这些用户都可以去用IP电话。如果加入我们的话，软银业务与日本Telecom的IP电话业务就能产生协同效应，整个企业规模也会因此上一个台阶。"

日本Telecom在孙正义的这番话里看到了自己的企业被收购的价值，同意了软银的收购提案。这样一来，日本Telecom所拥有的数百万用户与通信行业的优秀人才也自然就被软银一举纳入麾下。

就这样，在通信行业也确立了自身地位的软银成为金融市场上的"香饽饽"，以往毫无可能性的巨额融资也得以实现。这也是为什么软银得以实现当时日企并购历史上最高价的收购——以1.75万亿日元收购了沃达丰日本分公司。

一步步地，软银成了一个既有移动通信业务也有固定电话业务的综合通信运营商。之后也通过拿下iPhone独家代理权快速出击，一路高速扩大了企业规模。

像这样，从世人认为"毫无价值"的事业领域起步，不断用目前的成绩交换到更高价的资源，软银最终成了今日这样的商业巨头。

所以说，即使一开始没有资金储备、没有业绩也没有关系。只要能不断实践孙正义"细分领域也没关系，首先拿下第一"的理念，就有可能不断壮大事业规模。

从小业务做起

从图书起步的Amazon，集中于鞋类贩售的Locondo，前文中介绍过的这些案例中也有很多企业在实践着"稻草战略"。以Amazon与Locondo为例，这两家企业从创立初期开始一定就都做了"Amazon最终是要能交易全世界所有的商品的""Locondo最终是要做到包括服装、皮包在内的整个时尚领域电商的巨头"这样的计划。

即使如此，它们还是有规划地从小做起。因为它们都知道，只要能成为"细分领域的第一"，就能像稻草老人一样一步步地提升业务价值。

接下来想要启动新项目的各位，你们的公司如果越是小、越是缺乏资金，就越应该以这一战略为基础制定成长路线。

另一方面，经常会有大企业员工找我咨询这样一种情况。即他们即使向上级提案开启新业务，最终得到的回复也只会是"那么小的业务，我们为什么要去做"，由此被残忍拒绝。

在这种情况下，"从长期来看，我们其实可以通过稻草战略将这一业务慢慢做大"说不定能成为他们说服公司的良好素材。

如果能将自身决心"我们的目标虽然高远，但为了实现目标需要有规划地从小做起"与长期战略一同说明，一定还是能产生一定说服力的。

通过划分细分市场创造增长领域

在第2章中，我提到了，要想让业务不断成长，就得不断换乘"上行电梯"。

对此，很多人一定会这么想："话是这么说，但现在日本也不剩什么增长领域了吧。所有的公司甚至都在说要向IT企业转型"。

其实，不用向IT转型也无妨。还有更好的方法。那就是在看似停滞不增长的领域里划分出"仍在增长的细分市场"。

创造出一个前所未有的新领域，将其定义为新的增长领域——这也是确立企业战略时非常重要的一点。

我个人在创立私人定制型英语培训服务"TORAIZ"时也采取了这一策略。

事实上，成人英语培训这一行业在这几年一直维持在2 000亿日元左右的市场，几乎没有任何增长。

也就是说，几乎可以判断市场整体到达了"天花板"，今后也难有巨大成长了。

但是，我想打造的是一个"可以根据每位学习者的需求而定制内容的英语培训学校"。

虽然现在这样的培训学校也越来越多了，但在当时，整个市场几乎都还是统一课程内容、统一教材的模式。换句话说，TORAIZ想要实现的"私教型英语培训业务"在当时并不存在。

为此，当时的我调查了其他领域的私教案例——RIZAP。

健身虽然与英语教学的业务领域并不相同，但RIZAP和TORAIZ都属于定制化的高附加值服务模式。RIZAP的定价虽然比一般健身房要高，但其实有定制化训练需求的用户也并不少。只要能知道有多少人即使高价也愿意拥有符合自身需求的训练内容，我便可以据此估算有多少人会选用TORAIZ的服务。

据我调查，当时RIZAP的年销售额高达200亿日元。因为整个健身市场的规模大概在4 000亿日元，RIZAP可以说是占了整个市场5％的份额。

为此，我也用同样的比例计算了外语培训市场中私人定制模式的大致规模。因为整个外语培训市场的规模大概在2 000亿日元，乘以5％大概就是100亿日元。

也就是说，当时还不存在的"私人定制型英语培训"这一细分市场将能成长到每年100亿日元的销售额。

如果说之后出现了1家竞争者，TORAIZ也能获得50亿日元的年销售额。即使一下子出现了4家，每家平均下来也能达到20亿日元左右的规模。

而且因为是之前完全不存在的新市场，"私人定制型英语培训市场"也有可能实现双倍的增长。

也就是说，我能借此搭乘"上行电梯"。

在"突然成为第一"的相关内容中我也提到，很多人可能会对此感到不安，"在这个已经被各式各样服务充斥的时代，即使是细分市场，又有多少是我们还能去拿下第一的领域呢？"在此我想表达的是，根据划分方式的不同，我们总还是能创造出最有利于自身的细分市场。

发掘新兴增长领域的方法

还有一种发掘新兴增长领域的方法。

那就是将目光投向日本之外。

虽然日本经济长期处于低增长状态，但这个世界上永远存在正在成长的新兴市场。所以，不要再拘泥于日本国内，从一开始，就应该考虑进军海外市场的选项。

从GDP（国内生产总值）增长率的数字上，可以很清晰地判断出哪些国家和地区是新兴市场。

尽管日本目前正处于第二次世界大战后持续时间第二长的经济增长期，超过了20世纪六七十年代连续五年的"伊奘诺景气"，但从2013年至2017年，GDP也不过是从同比下降0.4%转为同比增长2.6%。

而在"伊奘诺景气"持续的1966年至1969年间，日本每年的GDP增长率处于同比增长11%到12.4%之间。由此可见，近年来，日本的经济增长已经陷入近乎停滞的状态。

那么，国外的情况如何呢？以越南为例，2018年度，越南的GDP增长率约为7%。

为此，即使是开展同样的业务，如果不考虑其他影响因素，与经济增长率在1%左右徘徊的日本相比，若是在越南，预计会获得七倍的增长。

打个比方，这就是在"一分钟上升一米的电梯"与"一分钟上升七米的电梯"之间进行选择的问题。

如果付出同样的努力，就能以七倍的速度上升，那么在经济增长率高的地区开展业务，必然是更加有利的选择。

其实，只要知道增长率，也就可以很容易地计算出"使现在的销售额翻一番"需要多少年。

这里需要用到"七二法则"。用"72"除以增长率，便可以计算出年数。

假设本公司在某项业务上的营业增长率是8%，那就是"72÷8（%）=9（年）"。如果营业增长率是1%，那么就是"72÷1（%）=72（年）"，相比之下需要耗费八倍的时间。

即便如此，如果能维持增长倒也还好，问题在于负增长的领域。我们可以通过同一法则计算出负增长的情况下，多少年后营业收入会减少至现在的一半。

假设现在的增长率是-2%，那么计算方法就是"72÷2（%）=36"，也就是36年后，市场规模会缩减至现在的一半。

如果一直留在GDP常年负增长的日本市场，那么公司的事业规模也会逐渐缩小。

若要摆脱这种困境，只有两种选择，要么开辟出能在低增长率的市场中快速增长的细分市场，要么就向高增长率的市场进军。

根据增长率选择投资对象

孙正义总是十分注重增长率，因此才能快速选准国外的上升期企业进行投资。

2000年，软银对阿里巴巴进行了投资，距今已经过去了近二十年。

当时，任社长室长（相当于总裁办公室主任）的我经常和孙正义一起研究各国GDP与该国企业增长率的数据，并发现中国的增长率飞速上升。

因为阿里巴巴具备"中国×IT"这两个飞速增长领域的叠加效应，因此我们决定对它进行投资。那时，阿里巴巴只是一个刚成立一年的新公司，在日本籍籍无名。尽管如此，孙正义通过"增长领域×增长领域"的相乘效应断定，阿里巴巴日后可以实现快速增长。

当时，入股阿里巴巴花费了20亿日元。而现在，软银持有的阿里巴巴股份的未实现收益已经达到14万亿日元。

之所以能获得如此巨大的回报，正是因为孙正义十分关注不同国家和事业领域的增长率。

现在，软银也在通过投资基金进行各种商业投资，投资时应该依然会根据增长率的数据来选择投资对象。

积极进军海外市场

或许，有很多人会这样想："即便如此，在海外开展新事业的门槛也太高了。"

但是，日本年轻一代的创业者们正在毫不费力地跨过这些门槛，积极进军海外市场。

其中就有创立于2016年的"AnyMind Group"。这是一家专注于数字营销等领域的公司。

该公司最初成立于新加坡，此后逐渐扩展至泰国、印度尼西亚、越南、柬埔寨等。成立两年时，就已经进军11个国家和地区，而现在，该公司已经设立了包含日本东京在内的13处据点。

在2016年创业初期，AnyMind Group的销售额大约在14亿日元。而就在第二年，其销售额就已激增至28亿日元，企业价值也随之大幅提升。在LINE以及未来创生基金等的投资下，截至2019年3月，AnyMind Group的融资总额已经达到了40亿日元。

创始人兼CEO（首席执行官）十河宏辅表示，其将创业地点定在东南亚正是看中了当地的"市场增长率"。因为当时在整个东南亚市场，竞争对手非常少，相比在日本创业，在高速成长的东南亚市场可能更容易做起来。

这正是在缺少竞争对手的领域一口气成为第一的战略。据说十河宏辅当年创业的时候只有20多岁。想到有越来越多的年轻人正在海外商场驰骋，实在是振奋人心。

"日本企业只能在日本做生意"，这已经是十分过时的观点了。

在互联网将全世界相连、交通工具缩短了日本与海外物理距离的当下，创业者们没有理由拒绝海外市场。

"低速增长不可怕，新兴市场常有"——还请大家一定在更广阔的视野中不断找寻上行电梯。

必胜法则 4 ▸ 用"孙正义标准"全面检验商业计划

商业计划必须确认的7个要点

提出了很多想法、借助他人理论建立好了商业计划、描绘了长期发展的战略蓝图，至此可以说是"开了个好头"。

你可能会想，"这才只是开头吗?"但想要提高事业的成功概率，还有一项工作需要完成。那就是检验你的商业计划是"值得立即付诸实施的优质计划"，还是"不合理的计划"。

■ **商业计划必须确认的要点**

☐ 这项事业是否符合你的愿景?

☐ 将来是否会发展为平台?（或是否包含会员制、定制化的元素?）

☐ 是否稳定?

☐ 是否具备高 LTV?

☐ 是否能成为业界第一?

☐ 所在领域是否有一定的增长预期?

☐ 固定成本是否花费过多?

☐ 是否属于"疼痛指数 10 级"的业务?

SQM思考法则
跟孙正义学商业创新

□ 是否有"第一客户"？

□ 是否对市场规模进行了测算？

□ 是否处于"产品生命周期"的导入阶段？

□ 价格和设计是否让用户感到风险较低？

在本书中我已经介绍了"成功商业"的几个条件。

在此兼做复习，我想从我理解的角度，将"孙正义在选择商业项目时的确认要点"归纳为以下七点。

（1）确认要点1　这项事业是否符合你的愿景？

在商业场景中，愿景是为了聚集"人才、物品、资金"的旗帜。

正是因为孙正义提出了"通过信息革命，为人们创造幸福"的远大志向，软银才得以汇集全世界所有的资源，扩大商业规模。

如果只是"因为我想赚钱""因为公司让我做些新的事情"，那么你的事业很可能以失败告终。

在你的项目中，是否有"通过这个项目想要实现什么目标"的愿景吗？

（2）确认要点2　将来是否会发展为平台？（或是否包含会员制、定制化的元素？）

软银在创业初始就是朝着平台方向发展的。

自身不制作产品，而是通过提供"场"，汇集人才、物、资金、信息，建立了"不论谁赢谁输，自己都能笑到最后"的常胜商业模式。

你的项目能成为这样的平台吗？

或者和平台模式一样，是否包含与SQM时代相符的会员制、定制化的元素？

（3）确认要点3　是否稳定？

孙正义之所以选择平台模式，是因为这样的创业稳定没有波动。

像游戏这样成败鲜明的行业，如果一炮走红能带来丰厚的收入，如果不受热捧，则损失巨大，具有不稳定的因素。

而平台模式，一旦能够作为一种"场"，发挥汇集人才或是物品的功能，那么之后就能够产生稳定的效益。

如果是固定成本制的付费订阅，用户可以按月持续付费。如果是定制化模式，通过综合会员制和固定成本制，相信也能实现用户持续稳定的目的。

你的项目是稳定、没有波动的商业模式吗？

（4）确认要点4　是否具备高 LTV？

如今人们已从重视产品的固有价值转变为重视体验价值，买断型商业模式发展潜力有限。

目标应该指向如何最大化LTV（生命周期价值）。

为此，在商业规划阶段就应立足于"LTV =（平均购买单价×购买频率×留存时间）–（用户获取成本+用户留存成本）"这一公式，在商业的不同阶段控制好各项数值，绘制这样的战略蓝图。

你的项目能增加LTV吗？

（5）确认要点5　是否能成为业界第一？

如果想将LTV最大化，有必要把目标设定为"一跃成为第一名"。

如果能成为第一，人才、物、资金、信息便会源源不断地涌进，这样一来网络的外部性生效，客户数量会进一步增加，事业规模进而扩大，由此形成良性循环。

成为第一的领域无论多么小众、细分都没有关系。

找到他人没有做的领域或是参与者非常少的领域，一举拿下这部分市场，之后就算有其他人参与竞争，也几乎不可能打破一家独大的地位。

此外，不管这个领域有多细分，只要能成为第一，这样的成果也有助于提升企业价值，进而资金筹措和人员招揽都会变得更容易。

你的项目能成为业界第一吗？

（6）确认要点6　所在领域是否有一定的增长预期？

要想扩大事业规模，必须搭上"上行电梯"。

如果所在领域整体处于上升状态，就算你的事业原地踏步也能够向前发展。

想要找到处于上升期的领域，就需要在寻找市场切入点上下功夫，或是选择正处于高速增长期中的国家或市场创业。

在经济低速增长的日本，一定要避开负增长的领域。

你的项目所在领域是否有一定的增长预期呢？

（7）确认要点7　固定成本是否花费过多？

就算失败多次也没关系，但绝不承担全部亏损的风险，这就是软银的规则。

为此，孙正义十分重视固定成本的降低。

只要固定成本没有超过销售额，公司至少就能运营下去，不至于破产。特别是在刚开始拓展新业务时，无法立即获得现金，必须尽可能减少办公室租金、水电费、人力费用等。

你的项目的固定成本在减少吗？

以上7点就是"孙正义标准"的确认清单。

你的项目能满足几点呢？如果有不符合标准的，建议你再次完善商业计划。

额外的5个确认要点

前文已对孙正义选择商业项目时会进行确认的要点进行了介绍。

接下来，我将根据自己在孙正义身边学到的内容和自己创业后的领悟，再增加几个务必确认的要点。

（1）确认要点1　是否属于"疼痛指数10级"的业务？

作为企业顾问，我有很多机会拜读大企业的商业计划，也听取过许多意欲创业的年轻人的想法。在此过程中发现，"这可能会失败"的商业计划有一个共通点。

那就是"疼痛指数"很低。

如果你有蛀牙，痛到一秒也忍不了，那么你应该会马上冲向牙医。

"不管要花多少钱，请赶快帮我治好蛀牙！"

这就是"疼痛指数10级"的状态。

换做是商业领域，那就是"客户不顾成本和风险，一定要购买这件商品或服务"的状态。

如果能建立"疼痛指数10级"的商业计划，那么这项事业可以说获得了成功的保障。

最近常用"产品—市场匹配（PMF）"一词，在我的理解中，它的概念和"疼痛指数10级"相似。它指的是"提供满足客户需求的产品，产品在与之适宜的市场得到接纳的状态"，是创业公司成功的条件。

然而在大多数情况下，我们在向创业者说明疼痛指数的定义后，问他们"你的商业计划如果用疼痛指数来评估，共有10级，能达到多少级?"得到的回答通常是"嗯，大概3级吧"。

很遗憾，这样的新项目是无法成立的。因为疼痛指数3级或4级意味着客户处于"有相当富余的钱或者时间的话可能会尝试购买，但不买也完全不会有什么影响"的状态。

总而言之，有很多商业计划都停留在"有的话也不错（nice to have）"的水平。

比如说，最近有人带来了和儿童膳食教育相关的商业计划。

看了看内容，的确很好，对社会有意义，但当问道"用疼痛指数来评估的话能达到多少级?"时，创业者本人回答说"大概2级"。

这样的话，想要持续发展这个事业的难度很大。

正是对社会有意义的事业，如果无法提供持续的服务是很可惜的，也无法对社会做出贡献。

请不要误解，我并不是说"膳食教育"这个主题不好。

而是想说，要在规划阶段就应该开始有意识地思考自己的想法作为一项事业能成立、发展的概率。

同样以膳食教育作为主题，如果在市场的切入点上下功夫，或许可以提高疼痛指数。

近来有越来越多的孩子对食物过敏，如果是开发一款App程序，让幼儿食物内容的管理更简便，这样的疼痛指数相比会更高。或者面向有预算却苦于没有经验和人手束手无策的自治体（日本的地方政府），提供定制的膳食教育方案等，疼痛指数可能相对更高。

不论如何，创业者都需要思考"这个项目疼痛指数有多高?"如果得分较低则思考哪里存在不足，这一点很重要。

这样可以把"有的话也不错"的模糊想法反复推敲，完善成为战略准确的商业计划。

（2）确认要点2　是否有"第一位客户"?

在创业初期，获得"第一位客户"非常重要。

在没有实际业绩也没有知名度的阶段，如果有客户表示"这个必须得买"，那就说明在他身后毫无疑问还有许多的潜在客户。

更准确地说，"在新的创业开始之前，能不能获得第一位客户"，这个问题的答案决定着创业的成败。

如果在商业计划的阶段就能找到第一位客户，那么在推出服务的瞬间，创业就开始加速前进了。

那么谁能说出"这个必须得买"呢，那就是"疼痛指数10级"的人。

就像疼痛难忍的蛀牙患者一样，能说出"不管价格多少我都要买！"的人会成为你的第一位客户。

我之所以创立TORAIZ，也是因为发现了"疼痛指数为10级"的第一位客户。

在我记录了自己英语学习经验的拙作刚出版之际，一家知名企业的部长攥着这本书来找我。

一问情况，他告诉我说自己完全不会说英语，但工作上突然多了很多需要用到英语的地方，正为此发愁。他还倾诉道："我的老板、同事、客户，也就是说除了我以外，大家都能说英语，再这么下去我要被炒鱿鱼了。所以，请您按这本书里写的那样指导我，让我花一年时间学会说英语吧！"

这正是"疼痛指数10级"的状态。

当时的我确信，第一位客户自发地找到我，说明这项服务还有许多的潜在客户。所以我开启了新的事业，打造一款"帮助人们在一年内掌握英语的学习软件"。

如果在商业计划阶段就有第一客户，就可以详细询问他有什么问题、对服务有什么要求等。这样能进一步完善内容，使之成为客户满意度高、与市场匹配的商业计划。

虽然我举例的情况是客户自己找来的，但就算他没来，我们也可以去寻找很有可能成为第一客户的人。在商业计划的初始想法阶段，不可能完全没有预想过客户层的情况，多去见见属性或条件与目标客户相似的人就行。

与此同时，这也可以帮助你确认自己的项目能否达到"疼痛指数10级"的标准。

如果你试着把商业计划讲给预想的目标客户听，但对方没有表示出感兴趣，那就说明你的项目疼痛指数较低，那种情况需要重新修正计划。

你的第一位客户不是在事业开始后才寻找，而是要在事业开始之前就牢牢抓住。也就是说，贩卖出去再开始创业——这是创业成功的秘诀。

（3）确认要点3　是否对市场规模进行测算？

创业者自己对想要开拓事业的市场规模进行评估也很重要。

不过"孙正义派"基本都是进入其他人还没有尝试过的领域，原本这个市场可能并不存在。就算存在，这个市场能扩大到何种程度，对此并没有已有的数据可以参考。

那该怎么做呢？只能先收集与该领域相关的可以用于计算的数据，进行推断和测算。

以我在创立TORAIZ时做的试算为例，或许可能作为参考。

TORAIZ是从"面向成人的外语培训市场"中划分出的"私教型外语培训市场"这一细分市场。这一领域是我自己新创出来的，所以相关的市场数据也一无所有。

关于如何进行测算，前面已经讲过了大致的经过，这里我将按顺序再整理一遍。

①筛选现有市场的数据作为基础

首先，把划分前的现有市场的数据作为基础。在这个例子中，就是"面向成人的外语培训市场"的规模。

关于市场规模，政府或是调查公司已经公开了多种多样的统计资料和报告，在网上检索就能找到自己想知道的类别的数据。

对于TORAIZ，我是从矢野经济研究所的一份题为"语言学习商业市场各领域市场规模"的报告中，找到了"面向成人的外语培训市场"的数据。矢野经济研究所提供了近3 000个细分市场的数据，首先可以在这里确认是否能找到想要的数据。

②使用"费米推定"估算新市场规模

现存的事业会有实际的数据，但"私教型外语培训市场"这一市场尚不存在，也没有相关数据，因此就要用到"费米推定"来进行估算。

想要估算，需要有作为线索的数据。

在这里，需要调查与我们的商业计划相似的商业模式在其他业界、行业里是否存在。就像TORAIZ在估算时参考了RIZAP的数据，你也可以找找有没有存在共同之处的项目。

如果找到了，可以查找相应企业的销售额，确认市场份额。

RIZAP占据健身市场整体大约5%的份额。据此假设TORAIZ这样的私教型英语培训事业也可能在"面向成人的外语培训市场"中占比5%。这样可以估算出市场规模大概是2000亿日元×5%=100亿日元。

③设想竞争对手，推算自身项目的销售额规模

在能够把握市场规模的情况下，需要考虑出现竞争的情况，预想现实情况下的销售规模。

因为"一跃成为第一名"是铁律，可以有100%控制市场的士气，但实际上一旦出现新兴市场，马上会有竞争对手后续跟进。而且获得第一名的企业越成功，后起之辈越会认为"那个市场看起来能赚一笔"，从而模仿其商业模式，开始类似的创业。

实际上私教型英语培训市场在2015年TORAIZ创办后的2年间，几乎没有竞争对手，现在有超过10家公司提供相同种类的服务。

其中甚至有的公司把TORAIZ创业当初使用的广告语原封不动拿去使用，呈现出些许混乱的局面。

当然，这些竞争企业不一定都会成功，有的会在某个时间点被淘汰，但不管怎样，还是应预想到出现竞争的情况，准备好符合现实情况的数据。

以我们为例，我们已经估算出"私教型英语培训市场"的市场规模大致有100亿日元，所以得出判断，如果出现竞争，就算TORAIZ的市场份额减少至五成，那也预计会产生50亿日元的销售额。

按照上述顺序，已经可以推算出市场规模和自己的事业规模了。

这些数据在进行资金筹措时是必要的。给投资者展示项目的未来潜力时，提供有说服力的数据是最有效的方法。

而且现阶段"私教型英语培训市场"中，仅包括TORAIZ在内的

主要三家公司能达到50亿日元的市场规模。从市场开辟到现在不到4年的时间就能达到这个数字，而且市场规模还在逐年增长，我认为市场规模是可以达到当初设想的100亿日元的。

就算是全新的市场，只要用可提供线索的数据进行推测，是可以做到准确率较高的推算的。

（4）确认要点4　是否处于"产品生命周期"的导入阶段？

"产品生命周期"展示的是产品或服务从投入市场到退出市场的过程。

商品或者服务是一定有其寿命的，而从投入市场到退出市场的循环周期正在不断缩短。

因此，需要考虑创业经营的产品或服务的寿命还有多长，这个问题非常重要。

一般而言，产品生命周期分为"导入阶段""成长阶段""成熟阶段""衰退阶段"4个阶段。而在各个阶段，客户的需求和价格按照以下规律发生变化。

导入阶段：新商品刚开始销售时，认知度不高，因此需求较弱，但价格高。

成长阶段：一旦产品得到大众认知，需求会急速增加。随之新进入市场的同业者增加，价格略有下降。

成熟阶段：需求饱和，但进入市场的企业进一步增加，竞争激烈，价格继续下降。

衰退阶段：需求减少，同业者从市场撤退，因此价格有所上升。

由此可知，如果要开始创业，那么自己经营的产品或服务应处于"导入阶段"。

这必然能延长商品的寿命，在导入阶段竞争还没进入市场，容易形成一家独大的局面，就算价格上涨用户也会购买，能有效增加企业收入。

如果要实现"一跃成为第一名"，就必须从导入阶段开始运行项目。

这也关系到能否划分出"正在发展的细分市场"。

如果TORAIZ进入的是"面向成人的外语培训"这个既有市场，那么产品已经进入成熟阶段。需求不再继续增长但竞争却更加激烈，价格还在往下降。在这样的阶段就算开始创业，也没有任何好处。

但是，我们通过自己创造出"私教型英语培训"这个全新的产品，TORAIZ实现了在导入阶段启动创业。就像之前提到过的，在创业开始的前两年几乎没有竞争，稳固了压倒性的第一名的地位。

如果是在成长阶段进入市场，用户需求迅速增加，能轻易预见到某种程度的销售业绩，但价格已经开始下行。

TORAIZ开发的"私教型英语培训"这一产品可以说现在正处于成长阶段，刚刚也提到了已经有超过10家公司后续参与到市场竞争中。TORAIZ虽保有第一名的优势地位，但在价格开始下跌阶段加入市场竞争的后发企业要在竞争中生存下去应该是相当不容易。

像这样，划分出"有发展潜力的细分市场"或是一跃成为第一名，与"产品生命周期"有着密不可分的关系。

注意千万要避免在"成熟阶段""衰退阶段"拓展业务。

（5）确认要点5　价格和设计是否让用户感到风险较低?

在本书中反复提到过几次，新的商品或服务在投入市场时，用户会产生心理门槛。

对于从未体验过的东西，很多人会感到"不太明白""看起来很难""真的方便吗?"等各种各样的不安和担心。

就是说用户会感到某种风险存在，而犹豫是否购买或使用。

因此，设定价格和设计内容时应该尽可能地降低用户的风险。

当然，也有人热衷于新鲜事物，但凡听闻有新的商品上市都愿意尝试，但整体来看这部分人只是少数。

根据社会学家埃弗雷特·罗杰斯提出的"创新扩散理论"，在购买商品的消费者中，积极采纳新事物、被称为"创新者"的消费群体只占市场整体的2.5%。对流行敏感、会自发收集信息判断是否购买、被称为"早期采用者"的消费群体也只占13.5%，除此以外的消费群体在购买新商品时都持慎重、怀疑态度。创新者和早期采用者合计也只占全体的16%，对新事物积极采纳的用户数量是如此的少。

在这样的积极派和慎重、怀疑派消费者之间，有着难以逾越的巨大沟壑（鸿沟，chasm），对此美国的市场咨询家杰弗里·莫尔提出了"鸿沟理论"。

如果没能跨越这道鸿沟，商品或服务只能停留在一部分狂热粉丝或者好奇心旺盛的人群中，然后就这样从市场消失。

为此孙正义往往设定出能让用户轻易越过这道鸿沟的价格或设计。

无论是在Yahoo! BB上开展"两个月免费用模型机"，还是把Yahoo! Auction的手续费定为免费，都是为了让用户能够顺利跨过这道沟。

如果不用花钱，用户就能毫无风险地尝试商品或服务。使用过一次后，那些之前担心"商品真的好吗""用的时候会不会发生什么问题"的用户也能通过实际确认商品或服务的质量，消除担心和不安。

对于Yahoo! BB，我们把安装费用也设定为免费。

如果是了解网络的人，可能这些设置操作自己也能完成，但普通人会觉得"太麻烦了""自己一个人能弄好吗"。所以在整个销售过程中，不只是要考虑金钱上的负担，还要尽可能减少用户付出的精力和劳动。

我在创办TORAIZ时也效仿孙正义，设置了"如果客户对服务不满意，可以在开始上课1个月内全额退还课程费用"的保障制度。

这也是为了降低用户的风险，消除心理门槛。

如果商业计划里没有降低用户风险的战略，那有必要再进行斟酌。

创业想法越是新颖，越有必要考虑采取配套"降低用户的心理门槛"的战略。

必胜法则 ❺ 产品发布后继续推动"DPCA"循环

项目内容的验证不只是在拟定计划的阶段完成即可。

在实际开始实施后，每天会有和预想不一样的事情发生。因此，需要极其快速地推动"DPCA"循环，不断重复验证和改善。

在验证时，彻底的"数据化思考"非常重要。

测定实际数据，基于数据进行验证。想要进行客观精准的改善，这是唯一的方法。

数据化验证的方法有几种，在此我列举其中对创业者大有裨益的三种代表性方法。

方法1 T型计算

■ 用 T 型计算找出瓶颈

例 用户申请书的处理流程

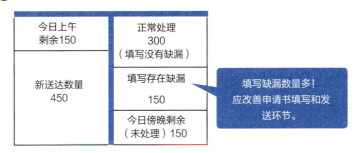

今日上午 剩余150	正常处理 300 （填写没有缺漏）
新送达数量 450	填写存在缺漏 150
	今日傍晚剩余 （未处理）150

> 填写缺漏数量多！
> 应改善申请书填写和发送环节。

这是改善日常业务的基本方法。

使用这种方法，能在工作处理环节发生问题时，找出瓶颈之处，帮助快速进行改善。

"T型计算"简单来说，就是整理"进入的数量"和"出去的数量"，使"现在留在手里的数量"一目了然，可以用于管理库存数量、文件处理情况等。销售人员想将预约客户和实际下单客户的数量可视化时，使用这种方法也很便捷。

基本用法如下。

在"T型计算"中，一般是在左侧填写"进入"的数字，右侧填写"出去"的数字。

例如，在管理用户发来的申请的处理情况时，左边填写"截至当天早上的剩余文件数量"和"当天新送达的文件数量"，右边填写"正常处理完成的文件数量""由于填写存在缺漏无法处理的文件数量""未处理的文件数量"。

填写规则是左右两侧的合计数量总是相等的。

通过每天记录，会很快发现"文件处理速度总是不快"的瓶颈在于"内容填写缺漏较多"。

这样一来，改善方法也显而易见——为了防止用户填写出现缺漏，可以改变申请书填写栏位的设计。

数据化方法简单而高效，请一定在每天的"验证→改善"中运用这个方法。

方法2 谷歌分析

"谷歌分析"（Google Analytics，简称GA）是谷歌网站提供的数据分析工具。有收费版，但基本可以免费使用。

在平台时代，和客户的接触大多通过互联网实现。

因此，通过作为接触点的网站来分析用户行为是不可欠缺的。

在运营TORAIZ时，我们也用GA进行分析，运用到每天的验证和改善中。GA可以用来计算各种数据，其中我非常重视的数据或是经常使用的功能是以下三种。

（1）新增率

GA可以对"会话控制（session）"进行解析。简而言之，就是"网站的访问数量"。

对于"会话控制"，有一个非常细致的规定，那就是"如果同一个用户在间隔超过三十分钟后打开网页，统计时会增加一个会话控制"。因此，我想"会话控制"更加准确的定义是从进入网站到离开网站之间的一系列动向。

会话控制会按照"新增"和"重复"分别展示。按照设计规则，在两年内访问同一网站就会被当作重复用户而非新增用户进行统计。

在这一部分，我看重的是"新增比例"，关注在"新增+重复"中，新增占比多少。

以前的市场营销专业词汇中，有两个专有名词叫作"耐用消费品"和"快速消费品"。

"耐用消费品"指的是汽车、钢琴这样的价格昂贵、一生之中购买次数较少的商品。与之相对，"快速消费品"指的是洗衣液、化妆品之类的人们会持续频繁购买的商品。

其中对耐用消费品而言，确保较高的新增率非常重要。因为很少有人后续再次购买，所以如果无法获得新客户，事业无法维持下去。

而TORAIZ属于两者中的"耐用消费品"，因为它的学费比普通英语口语课程的学费更高，一旦掌握了英语，客户不会多次上课。

因此，我每天都会确认新增率。

与之相对，快速消费品的话则有必要关注"重复率"。

对于新增用户有面向新增用户的广告媒体，对于重复客户有面向他们的内容投放，因此必须采用适合自身事业特点的改善方案。

以TORAIZ为例，我们采用的方法是通过访客找回广告，与曾经访问过网站的人进行接触。

那些对TORAIZ感兴趣访问网站的人，很有可能成为新增用户，因此需要采取策略，增加与他们的接触次数。

为了使促销活动更好地贴近商品或服务的特点，有必要持续关注新增率或者重复率。

（2）目标用户

目标用户也是必须分析的内容。

在GA里面，可以对访问网站的用户的所属地区或是年龄进行分析。有了这个数据，就能掌握转化率（成约率），也就是"什么属性的人群会以怎样的概率最终走到申请注册这一步"，可以作为判断"对哪种目标用户应该花费多少获客成本"的依据。

TORAIZ是以30~40岁的客户为中心，但这并不单纯地意味着我们只需要对30~40岁的人群投入获客资金。

如果目标人群过于狭窄，客户数量整体的"蛋糕"就可能变小。因为40~50岁和20~30岁的群体中并不是完全没有人对TORAIZ感兴趣，因此当然也有必要思考如果完全不去接触这两个群体是否妥当。

虽说如此，但如果目标人群过于宽泛，会导致获客成本徒增浪费，获客效率降低。这是因为对于合适的目标用户，获客成本人均只需要1万日元，而不合适的用户获客成本会提高至1.5万日元、2万日元，不断上升。

与此同时，业务环节也会产生多余的内容。如果需要对不合适的用户进行应对，会需要增加多余的操作或者处理，降低业务效率。而且，就算用户有所增加，他们的转化率较低，只会增加人力物力的投入而不会带来收入的增加，导致效率非常低。

因此，"如何划分目标用户"是一项非常重要的内容。

想要对此进行判断，必须用数字衡量新增客户的获客数量和获客成本之间的平衡，对目标用户的优先顺序进行划分，进行实时判断。

这两个数字往往呈"二律背反"关系。如果增加客户数量，那客户人均的获客成本也会增加。

想要知道应该在哪做划分，只能通过试错来寻找答案。这个问题并不是一开始就存在一个正确答案，只能每天在GA分析各项数据，快速推动"DPCA"循环，自己找到最佳的平衡点。

此外，分析用户的所属地区也能帮助规划拓展门店。

TORAIZ把学习中心设在了东京和大阪作为据点，但在开设新的门店时，会借助所属地区这项数据，判断A城市和B城市哪一个优先程度更高。

通过数字，我们发现没有投放广告的地区访问量竟然出人意料的多，原本认为大城市圈会有很多潜在客户，但实际数量少于我们的预期，得以把握种种趋势。

由于开设门店会增加固定成本，所以对开店区域的彻底研究非常重要。在做这样的经营判断时，GA这种工具是非常强大的助手。

（3）AB 测试

AB测试指的是准备两种刊登在网页上的文字或设计，验证哪一种效果更好的方法。

例如，准备两种横幅广告的设计方案，在某一时期内进行随机展示，计算访问数或者转化率。通过比较统计结果，可以判断应该使用哪一种广告。这就是AB测试的原理。

这种测试有专门的工具，不过GA也可以进行测试，用法简单。

只需要准备好想用来比较的测试用网页，在GA的"网页测试"页面输入必要的信息即可。

AB测试的好处在于，以往通过个人的感觉判断孰好孰坏，现在用数字给出回答，简洁明了。

"网页的设计是以红色为基调还是黄色为基调？"对于这个问题，以往都是依据负责人的喜好或感觉来决定的。或者反复出现"红色也挺好的，但感觉黄色也不错"这样含糊不清、无意义的讨论，导致难以做出决定，工作难以向前推进，这样的情况并不少见。

如果使用AB测试，最后会由用户做出抉择，而且判断结果通过数字准确地呈现出来。

听说谷歌公司自己的服务设计也是用GA来决定的。网站的设计、配色都不是依靠创造者的感官，而是依据数据分析进行客观的选择。

这可以说是最有效率的判断了。

在犹豫如何选择时，不需为难自己，用AB测试让用户自己去判断是上上策。

以上这些就是我平常会去确认的数据和经常利用的工具。

之所以推荐GA是因为我们应该自己去掌握各项数据，这非常重要，而不是单纯交给代理机构去分析。

有很多日本企业把网络广告、市场营销的工作整个外包给外部代理机构，这样有可能会漏掉真正重要的数据。

在验证的时候，需要看的不只是"访问数量有多少"，还需要把握整个工作流程。

如果把访问网页比作是入口，那么商业目标就是用户充值或者付费，公司获得营业收入。

那么成败的关键就在于，如何在用户付费之前的流程整体之中，一边保持着获客数量和获客成本之间的平衡，一边减少"花费了成本但没有获得客户"的情况，提高出品率。

因此，只看负责入口的代理机构拿来的数据是不够的。必须把入口之后的流程相关的数据也进行测定，力图实现整体最佳效果。

而且如今需要分析的不仅仅是自家的网站。

访问自己公司网站的用户中有很多人同时也在访问口碑网站，收集商品或服务的信息。现在就连吃个午饭，几乎所有人都会先看Tabelog（美食搜索和点评的网站）再决定去哪家店。因此餐厅就算提高了自己主页的访问量，如果口碑不好，最终还是无法提高转化率。

现在信息的流动不是单向的，企业通过广告、CM单方面地提供信息的时代已经一去不复返了。

在网络世界中，所有信息翻腾汹涌形成漩涡，谁都可以向这个漩涡提供新的信息，也可以从中获取信息。因此企业方面不能仅仅着眼于自己的网站，还需要从网络整体的角度了解自身的商品和服务的相关信息是如何流动传播的，以及谁能接触到这些信息。

因此数据的统计不能完全交给他人，在公司内部获取一些必需的数据也是不可欠缺的。

现在有很多像GA这样简便的数据分析工具，适当地活用这些工具是在现在提高创业成功概率的必备条件。

方法3 NPS（净推荐值）

NPS（净推荐值，Net Promoter Score）是一项对客户忠诚度评分的指标。这项指标把人们对某家企业或品牌的喜爱程度进行数值化，和以往的客户满意度调查并驾齐驱，受到广泛关注。

在计算NPS时，会向客户提问，"你向朋友或家人推荐这件产品或服务的可能性有多大？"客户通过打分进行评价，分值从0分至10分，共11个等级。按分值进行分类，其中0分到6分之间的是"批判者"，7分到8分的是"中立者"，9分到10分的是"推荐者"。

然后用"推荐者"的比例减去"批判者"的比例，得到的结果就是NPS的数值。例如，推荐者是50%，批判者是30%，那么NPS就是20。

NPS与以往客户满意度调查相比，差异较大之处在于将"向他人推荐"的行为进行了数值化。

在客户满意度调查中，客户被问到"对这个商品是否满意"时，只要不是特别讨厌，一般都会回答说"哎，一定要选的话也算是满意吧"。这样一来，满意度的最终数值容易偏高，往往导致结论出现偏差，"明明客户满意度调查的数字很漂亮，但客户回头率却很低"。

而"向朋友或家人推荐"，这种行为不是简简单单就能实现的。如果本人没有足够的喜欢和热爱，达到能说出"这个服务很好哦"的程度，是很难自信地向身边的人推荐的。

因此，NPS的数值越高，客户的忠诚度也就越高，越有可能把忠诚度转化为实际行动，向其他人推荐相关产品或服务，或是自己反复回购。这样，这项指标也可以作为与销售额、盈利能力密切相关的指标在多方面得到使用。

当然传统的满意度调查也可以用作验证材料。

这种情况，推荐采用"五段式"评分来询问客户的满意度。因为如果是"四段式"的评分，回答会过于偏向"好"与"坏"中的一侧。

以在餐馆调查为例，如果让客户在"难吃""较难吃""较好吃""好吃"四个等级中进行选择的话，由于没有中立的选项，回答一定会偏向"好吃/较好吃"或者"难吃/较难吃"中的一方。而且大多数人不好意思回答"难吃"，就算觉得"也谈不上好吃"，最后倾向于选择"较好吃"。

这样一来，用户的实际感受与调查结果之间产生了偏离。

如果选择五段式调查，有人会认为，那大家容易都选择正中间的第三项。不过世间的万事万物基本都是呈正态分布，不管是什么调查，一般中央的数值都会变大。就算选择第三项的最多，和四段式调查中选择第三项多的结果相比，前者可以看作是没有偏颇的。

此外，用户在Tabelog等口碑网站上已经习惯了五段式评分，这也是推荐五段式评分的理由之一。"五段式评分中的'四'大概是这个水平"，用户心中已经有了一定的标准，在判断时可以和Tabelog进行比较，回答起来会更容易。

先让用户按五段式评分，之后再问具体的问题，这样能更准确地把握用户的满意度。

最好是像NPS一样，询问"您会向朋友推荐这件商品（服务）吗"。如果回答"不推荐"，还可以向对方确认不推荐的理由。

SQM思考法则
跟孙正义学商业创新

在互联网时代，信任的熟人的评价是最有力的宣传工具，所以很有必要思考如何才能让更多的人向其他人推荐，哪怕只多一个人。

因此，不管对方的回答是推荐还是不推荐，重要的是询问和分析背后的原因。

■ 什么是NPS？

NPS是贝恩公司的弗雷德·赖克哈尔德（忠诚度市场调研的权威人员）提出的指标，用于测算客户的忠诚度。

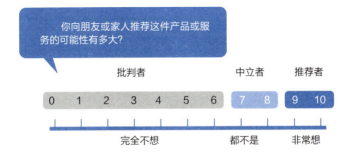

向客户询问"你向朋友或家人推荐这件产品或服务的可能性有多大？"客户通过打分进行评价，分值从0分至10分，共11个等级。按分值进行分类，其中0分到6分之间的是"批判者"，7分到8分的是"中立者"，9分到10分的是"推荐者"。

用"推荐者"的比例减去"批判者"的比例，得到的结果就是NPS的数值。例如，评价总人数为20人，推荐者有12人（60%），批判者有6人（30%），那么NPS就是30。

本章介绍了实际创立新事业时的必胜法则。

快速地提出很多想法、借助他人力量完善商业计划、制定发展战略、进行验证，这些都完成后，迅速发布服务，之后便是重复验证和改善的循环。

这就是软银创始以来持续至今、能孕育出"成功商业"的循环模式。

我期待着以这个必胜法则为基础，有许许多多的新事业在日本诞生。

SQM思考法则
跟孙正义学商业创新

结　语

世界上充满着商机

"低速增长并不可怕!"

如果用一句话来总结我在这本书中想传达的内容，那就是上面这句话。

诚然日本正处于低速增长的正中心，日本的GDP增速在正负1%之间摇摆不定。

但是就像在本书中阐述的一样，在世界上总会存在新兴市场。

既可以在有发展潜力的领域开拓出一片新的市场，也可以走向海外。"一定要在已有市场上一决胜负""日本企业必须在日本本土创业"，像这样的规定并不存在。

在你将这些过时的常识摒弃的瞬间，新的商机便会进入你的视野。

单看日本国内，就能发现社会中还充斥着多得可怕的"超负荷、多余、不均"。

"为什么这么麻烦?"

"要是早点买了就好了。"

"现在还能用，丢掉的话太可惜了。"

像这样，大家的日常生活中应该也存在着无数的"超负荷、多余、不均"。

把这些至今为止在无意识中忍受的不满一个一个捡起来，会有无数的新事业的灵感涌现出来。

为此需要的不过是意识的转变而已。只要把你的视角从"公司"转变为"社会"，就会有以往看不到的东西跳进你的视野。

这个时代出现了各种各样的平台，社会环境也让创业的门槛变得更低。

只要有想法，商业运营所需的"人才、物、资金、信息"自然会向你身边聚集。不论是谁都拥有开始创业的机会，与公司的规模、知名度、过去的业绩都无关。

这么想，是不是感到未来非常光明？

"经济发展缓慢所以未来一片昏暗"。这种想法不过是一种偏执。未来是光明还是黑暗，最终是由自己的行动来决定的。

我非常希望以此书为契机，诞生出势不可挡的创业公司，大型企业中孕育出从未有过的新事业。

如果本书能为各位的公司、商业还有日本整体变得更有活力献出绵薄之力，我将感到无比荣幸。

三木雄信

2019年7月